Adolf Schultze

Ein Beitrag zur unteritalisch-normannischen Geschichte

Adolf Schultze

Ein Beitrag zur unteritalisch-normannischen Geschichte

ISBN/EAN: 9783741183317

Hergestellt in Europa, USA, Kanada, Australien, Japan

Cover: Foto ©ninafisch / pixelio.de

Manufactured and distributed by brebook publishing software
(www.brebook.com)

Adolf Schultze

Ein Beitrag zur unteritalisch-normannischen Geschichte

Ein Beitrag

zur

unteritalisch-normannischen Geschichte.

Eine von der philosophischen Facultät der Universität Rostock
genehmigte Promotionsschrift

von

Adolf Schultze,

Dr. phil.

Inhalt:

Oldenburg 1872.
Druck von Gerhard Stalling.

„Der erste Aufstand des Melus, die Ankunft der Normannen in Italien und ihre ersten Kämpfe in Apulien, oder zweiter Aufstand des Melus."

Beim Beginn des 11. Jahrhunderts bestand die griechische Herrschaft in Italien nach mancherlei Wechselfällen nur noch in Apulien, Calabrien, Amalfi und Neapel; alles Uebrige war den Griechen im Laufe der Jahrhunderte durch die Langobarden und Sarazenen, von denen die Letzteren im 9. Jahrhunderte Sicilien sich ganz unterworfen hatten, entrissen worden. Auch diese wenigen Gebiete waren seit längerer Zeit schon nur ein unsicherer Besitz für die Griechen; vielfache innere Unruhen hatten der Herrschaft derselben hier Gefahr bereitet, ohne sie bisher jedoch wirklich beseitigen zu können. Da brach in Bari, der Hauptstadt des griechischen Unteritaliens, unter Führung des Melus und seines Schwagers Dattus, zweier angesehener barensischer Bürger, im Mai 1009 von Neuem ein Aufstand aus. Die harte Bedrückung durch die Griechen, welche nur darauf bedacht waren, Nutzen aus ihren italischen Besitzungen zu ziehen, und trotz aller Klagen sich nicht bereit finden ließen, dieselben wirksam zu schützen gegen die immer wiederkehrenden Einfälle der Sarazenen, war gewiss, wie zu allen früheren Unruhen, so auch zu diesem Aufstande [1]) die Hauptveranlassung. Der damalige griechische Statthalter Curcus trat mit seinen Streitkräften sofort den Aufständischen entgegen, und kam es bei Bitetto zu einer Schlacht mit denselben, die mit grossen Verlusten für die aufständischen Barenser [2]) endete, ohne jedoch dem Aufstande gänzlich ein Ende zu machen. Daher wurde, als Curcus schon zu Anfang des Jahres 1010 starb, an seine Stelle von Constantinopel her Basilius Mesardonites mit einem zahlreichen Heere geschickt, damit er um so erfolgreicher gegen die Empörer vorgehen könne, und sie möglichst bald zur Unterwerfung zwinge. Basilius traf bereits im März 1010 in Italien ein, und vermochten ihm und seinem Heere die Aufständischen nicht auf die Dauer zu widerstehen. Sie zogen sich daher auf Bari zurück, und beschränkten sich auf die Vertheidigung dieser Stadt. Am 11. April 1012 erschien dann Basilius mit seinem Heere vor Bari, und begann

---

[1]) Ueber den ersten Aufstand des Melus im Allgemeinen cfr. Anhang I u. II.

[2]) Die Nachricht von der Schlacht bei Bitetto haben nur die Annal. Bar. 1011, wo der Schlachtort selber Betete genannt wird, was nach Pratillus „Bitecto prope Barium" d. h. das heutige Bitetto ist; cfr. Spruner, histor.-geograph. Atlas, Karte von Italien Nr. VI, „Bitectum". — Ueber die sonstige Fassung der Nachrichten bei den Annal. Bar. 1011 cfr. Anhang I, p. 19 u. II, p. 80 sqq. —

1 *

sofort die Belagerung, [2] um die Barenser so endlich zur Unterwerfung zu bringen. Die Stadt wurde hart bedrängt, und bald sahen die Einwohner die Nutzlosigkeit ihres Widerstandes ein, weshalb sie sich dem Basilius schon nach zwei Monaten durch ein Uebereinkommen ergaben, nach welchem sie die Auslieferung ihrer Anführer versprachen. Doch noch rechtzeitig erhielten Melus und Dattus hiervon Kunde und retteten sich durch schleunige Flucht nach Ascolam, während das Weib des Melus, Maralda, und sein Sohn Argyros in die Hände der Griechen fielen und nach Constantinopel geschickt wurden. —

Melus war jetzt durchaus noch nicht gesonnen seine Pläne ganz aufzugeben, vielmehr dachte er ernstlich daran den Kampf gegen die Griechen fortzusetzen, und wandte er sich deshalb um Hülfe an die Fürsten von Benevent, Salerno und Capua. Keiner von ihnen war jedoch vor der Hand gewillt ihm Unterstützung zu gewähren, wodurch sich Melus gezwungen sah, vorläufig wenigstens von einem offenen Kampfe abzustehen. Er nahm seinen Aufenthalt zu Capua, während Dattus bei dem Abte Atenolf von Monte Casino Aufnahme fand. Bald sollte ihnen beiden aber von anderer Seite Hülfe kommen, und zwar vom Papst Benedict VIII, der im Jahre 1012 den Stuhl Petri bestiegen und, nachdem er seine Herrschaft in Rom gesichert, den Plan gefasst hatte, Italien endlich einmal von der gefährlichen Gegenwart der Griechen und den immer wiederkehrenden Raubzügen der Araber zu befreien. Wie er daher mit aller Energie gegen die arabischen Seeräuber vorging und Italien von dieser Plage erlöste, so war er auch darauf bedacht Mittel zu gewinnen um den Griechen ihre Besitzungen zu entreissen. Er leistete deshalb bereitwillig Allem Vorschub, was den Griechen feindlich und schädlich war, und nahm sich aus demselben Grunde auch des Dattus und Melus an. Er wies dem Dattus eine sichere Zufluchtsstätte an, indem er ihm einen am Garigliano gelegenen festen Thurm übergab, und wenn er freilich dem Melus, der sich noch immer in Capua aufhielt, nicht sofort thatsächliche Hülfe gegen die Griechen zu gewähren im Stande war, so sollte sich ihm auch hierzu bald eine Gelegenheit bieten, die er dann in der That nicht ungenützt vorüber gehen liess. —

Im Jahre 1016 nämlich waren vierzig normannische Ritter, heimkehrend von einer Pilgerfahrt nach Jerusalem, zufällig bei Salerno gelandet, während dieses gerade wegen Verweigerung des jährlichen Tributes von den Sarazenen belagert wurde.[4] Als die Normannen die Noth ihrer Glaubensgenossen sahen, beschlossen sie sofort ihnen zu helfen. Sie forderten deshalb von Waimar III, dem Fürsten von Salerno, Waffen und Pferde, die ihnen bereitwillig gegeben wurden, und so ausgerüstet warfen sie sich auf die sorglos die Umgegend der Stadt plündernden Sarazenen. Einen Theil derselben vernichteten sie, die anderen aber flüchteten, erschreckt durch den so unerwarteten Angriff, auf die Schiffe und suchten schleunigst das Weite. Die Freude der befreiten Salernitauer, sowie ihre Dankbarkeit gegen ihre Retter kannte keine Grenzen; doch diese wiesen jedes Anerbieten, selbst die Bitte Waimar's sich in Salerno anzusiedeln, von der Hand. Sie kehrten in ihre Heimath zurück, zugleich aber mit ihnen ging dorthin eine Gesandtschaft Waimar's[5], um Normannische Ritter aufzufordern nach Italien zu kommen, und hier gegen die Ungläubigen zu kämpfen. Um den Normannen die

[2] Die Belagerung von Bari wird bei Leo Ost. II, 37 und bei den Annal. Bar. 1019 erwähnt; nach den letzteren begann die Belagerung am 11. April und dauerte ein und sechzig Tage (hoc anno obsessa est Bari a catepano Basilio cognomento Sardonti, undecimo die ariante mense April, et completis diebus sexaginta unum fecit pacem cum ipsis, et ipse intravit castellum Bari etc.). —
[4] Ueber die Belagerung von Salerno cfr. Anhang II, 37. — Dass Salerno wegen Verweigerung des jährlichen Tribut's von den Sarazenen belagert ist, sagt Amal. I, 17. —
[5] cfr. Anhang II, p. 37. —

5

Fruchtbarkeit und den Reichthum ihres Landes zu zeigen, und sie so geneigter zu machen für ihre Wünsche, nahmen die Gesandten reiche Geschenke an Früchten des Landes und kostbaren Waffen mit, und sollte ihre Sendung denn auch nicht ohne Erfolg bleiben, zumal gerade damals im Lande der Normannen selbst etwas vorfiel, was ihren Wünschen sehr in die Hände arbeitete. —

Es war nämlich etwa um dieselbe Zeit, dass zwei normannische Vornehme, Gisilbert Buttericus (Buatère) und Wilhelm Repostellus, mit einander in Feindschaft gerathen waren, und dass Gisilbert eine günstige Gelegenheit abpassend seinen Gegner erschlagen hatte. Diese That war dem Fürsten der Normannen, Richard II, nicht verborgen geblieben, so dass Gisilbert nun dessen Rache und Strafe fürchten musste, und dies um so mehr als Wilhelm eine sehr hohe Stellung im Reiche bekleidet hatte. Er beschloss daher, um sich der Strafe zu entziehen, das Land zu verlassen, und kamen ihm somit die Anerbietungen der salernitanischen Gesandten gerade sehr gelegen. Er und seine vier Brüder Rainulf, Asclittinus, Osmundus und Rodulf nebst anderen normannischen Rittern schlossen sich den Gesandten an, und folgten ihnen nach Italien. Unter Führung des Rodulf[*]), den tüchtigsten von ihnen, überstiegen sie die Alpen, und durchzogen unbehelligt und allenthalben gastlich aufgenommen Italien bis nach Rom, wo sich Gisilbert durch Papst Benedict VIII von seiner Blutschuld reinigen liess. Benedict nun fasste beim Anblick der kriegerischen Gestalten der Normannen sogleich den Plan, sie gegen die Griechen zu benutzen. Er klagte ihnen deshalb, wie sehr er, solange noch die Griechen auf italischem Boden herrschten, fortwährend bedroht sei, und wies dieselben dann, als sie ihm gelobten gegen jene kämpfen zu wollen, an den Melus, welcher auch damals noch in Capua weilte[1]). Hierhin wandten sich jetzt die Normannen, und verbündeten sich zum Kampfe gegen die Griechen mit Melus[*]), der zur Verstärkung seiner Heeresmacht noch ausserdem in den Gebieten von Salerno und Benevent Werbungen hielt, und war dies für ihn in letzterem um so leichter, als auch Benedict die Beneventaner aufgefordert hatte den Normannen zu Willen zu sein. Sobald Melus sein Heer hinreichend gerüstet, brach er von Benevent ausgehend, wohin sich die Normannen von Capua begeben hatten, von Westen her auf dem nächsten Wege in Apulien ein, und begann im Mai 1017 von Neuem den Kampf gegen die Griechen. Die Kunde von dem Angriffe des Melus und der Normannen auf das griechische Gebiet verbreitete sich schnell, und sandte der damals eben erst in Italien angekommene Statthalter der Griechen, Andronicus, denselben sofort seinen Legaten Leo Patianus mit einem Heere entgegen, um ihrem Vordringen Einhalt zu thun. Noch im Mai kam es zwischen ihnen zu einer Schlacht[*]), in welcher Melus und die Normannen das Feld behaupteten, und muthig

---

[*]) Die Streitigkeiten in der Normandie berichten Amat. I, 20 u. Leo Ost. II, 37; cfr. auch Guil. Gem. VII, p. 264 und Order. Vital. III, p. 472 (ed. Duchesne). Die Namen der fünf Brüder stehen ebenfalls bei den beiden ersteren; dass Rodulf Führer der Normannen auf dem Zuge nach Italien war, geht aus Ademar III, 55, und Rod. Glab. III, 1, hervor. —

[1]) Dass Melus noch in Capua gewesen bei Ankunft der Normannen, sagen Amat. I, 20, und Leo Ost. II, 37. —

[*]) Zu diesem zweiten Aufstande des Melus, wo er mit den Normannen verbündet war, cfr. das in Anhang I und II Gesagte. —

[*]) Wie sich aus Rod. Glaber III, 1 ergiebt, fand der erste Einfall der Normannen in Apulien von Benevent aus statt; Giesebrecht, Kaiserzeit II, 179 sagt, die Normannen seien von Norden her in Apulien eingebrochen, und habe die erste Schlacht am Fortore stattgefunden. Diese Ansicht scheint hervorgegangen zu sein aus der Angabe bei Guil. Apul. I, v. 68 sq., wo Arenula am Fortore (Fertorius) als Schlachtort angegeben ist; auch Leo Ost. II, 37 führt Arenula an, doch ohne dessen Lage zu bestimmen. Quelle für beide ist hier der Amat. I, 21, wo es heisst: „par li camp arenoux de Puille sont gehir lor anemis sans esperit.''

drangen dieselben jetzt weiter gegen Bari zu vor. Erst am 22. Juni 1017 trat ihnen das jetzt ver-
einte Heer des Andronicus und Leo Patlanus bei Monte Peluso entgegen, und entspann sich hier ein
Kampf, in dem die Griechen endlich den Sieg errangen. Der Unterfeldherr der Griechen Leo Patlanus
fand in derselben seinen Tod, die Normannen aber waren genöthigt von ihrem Vordringen gegen

---

Hier wird darnach der Name Arenula direct nicht gegeben, und auch nirgend anderswo findet sich derselbe
angeführt. Es fragt sich daher: wie sind Leo Ost. und Guil. Apul. zu diesem Namen gekommen? Das
Wahrscheinlichste ist, dass sie durch die Ausdrucksweise, wie sie dieselbe bei Amat. fanden, auf diesen
Namen geführt sind; ob aber mit Recht, das ist mindestens sehr zweifelhaft. Ich wenigstens möchte es
bestreiten, denn nach dem Ausdruck, wie er uns in der Uebersetzung des Amat. (in der Ausgabe von Cham-
pollion-Figéac) vorliegt, — par li camp arenous de Puille — zu schliessen, muss im Original etwa „per
campos arenosos Appuliae" gestanden haben, und darin ist auf keinen Fall der Name Arenula enthalten, vielmehr nur eine ganz allgemeine Bezeichnung für das Schlachtfeld. Diese Behauptung setzt natürlich voraus,
dass die Uebersetzung, wie sie auf uns gekommen, correct ist. Doch mag dem sein, wie ihm wolle, jedenfalls ergeben sich uns noch andere Beweise gegen die Angabe des Leo Ost. und Guil. Apulus. Aus diesen
beiden sowohl, als auch aus Amat. geht nämlich hervor, dass die Schlacht in Apulien stattgefunden habe;
Amat. I, 21 sagt ausdrücklich par li camp arenous „de Puille", und kurz vorher „entrèrent en la fin de
Puille", und bei Guil. Apul. I, v. 52 sq. heisst es:

Emptis Normannos Campanis partibus armis invadenda furens „Jora dixit ad Appula" Melus,

und v. 62 sq.:

Conducta Meli, qui factus utrique rebellis „Appula Normannis loca" depopulanda monebat, etc.; auch Leo
Ost. II, 37 stimmt damit überein, wo gesagt, dass Melus Söldner warb, cum quibus pariterque cum ipsis
Normannis statim „Grecorum terram ingressus" expugnare repugnantes viriliter coepit. — Durch die Angabe
des Leo Ost. werden wir sogar noch einen Schritt weiter geführt. Darnach nämlich dürfen wir Apulien
hier nur in der Ausdehnung nehmen, wie es die Griechen vor dem Ausbruche des Kampfes inne hatten, da
nur soweit von einer „terra Grecorum" die Rede sein kann. Hiernach war die Grenze Apuliens, wie sich
aus den Quellen, den Annal. Beuev., den drei Barenser Annal., Leo Ost. u. a. ergiebt, noch ein beträchtliches
Stück südlich vom Fortore, umfasste jedenfalls nicht mehr die Städte Draconaria, Ferentinum und Civitas
(Civitella), und erst durch Basilius Bojoannes, den Sieger von Cannae, wurden sie wieder bis zum Fortore
vorgeschoben. Innerhalb dieser Grenzen, ja selbst in ihrer vollen Ausdehnung bis zum Fortore, findet sich
aber kein Ort Arenula, wie denn auch nach Spruner, histor.-geograph. Atlas, Karte v. Italien Nr. I (Kartou),
und nach Kiepert, Gesch.-Karte zu Giesebrecht, Arenula ausserhalb Apuliens lag, nämlich im Beneventanischen Gebiet, etwas südlich von Tifernus (Biferno) an der Stelle von Larino, dem alten Larinum. Für
Larinum findet sich nun im Itinerar. Antiq. p. 314 der Name Arnsium, der auch bei Spruner, Atl. antiq.
Karte 12, neben Larinum angeführt wird. Dieses Vorhandensein zweier Namen für Larinum mag wohl der
Grund gewesen sein, weshalb man auch für Larino dann Arenula, zumal es an Arnsium anklang, substituirte,
und Arenula als an der Stelle von Larino gelegen angab. Ein weiterer Grund lässt sich hierfür auf keinen
Fall vorbringen, und auch dieser einzige ist nur ein scheinbarer, da die Angabe des Itinerar. Antiq. l. c.
durchaus falsch ist, cfr. darüber Smith, diction. of Greek and Roman Geograph. Bd. 2, p. 124, und Forbiger,
Handbuch der alten Geographie, Bd. 3, p. 644. Wir werden darnach also unzweifelhaft behaupten können,
dass Arenula hier ebenso wenig wie in Apulien oder in den übrigen Beneventanischen Gebiet gelegen
habe. Diese Gebiete können aber allein hier in Betracht kommen, und da sich hier die Existenz eines
Ortes Arenula durch nichts nachweisen lässt, er auch sonst nirgend weiter erwähnt wird, cfr. noch Romanelli, Antica Topografia istoria del Regno di Napoli, 2, p. 195, 279 u. a., so werden wir vollständig berechtigt
sein, anzunehmen, dass der Name Arenula bei Leo Ost. und Guil. Apul. l. c. auf einem Missverständnisse der
Worte des Amatus beruht. Wenn dann Guil. Apul. sogar noch sagt, Arenula habe am Fortore gelegen, so
muss man diese Angabe, die ganz grundlos ist, eben einfach für aus der Luft gegriffen erklären. Ausserdem
ist auch dies noch zu beachten: die Schlacht fand, wie schon gesagt, unzweifelhaft auf griechischem Gebiete
statt, dieses reichte aber, wie wir oben gegeben, garnicht bis zum Fortore, und ist schon allein aus diesem
Grunde die Richtigkeit der Angabe des Guil. Apul. nicht möglich. — Aus demselben Grunde kann auch die

Karl abzulassen, und sich vorläufig mehr nach Norden zu wenden, wo sie ihre Eroberungen dann fortsetzten. Inzwischen fand auf Seiten der Griechen ein Wechsel der Statthalter statt, indem an Stelle des Andronicus vorläufig der Contoleon trat. Dieser folgte mit seinem Heere den Normannen nach dem nördlichen Apulien und zwang sie hier in der Nähe von Vaccaricia zu einer Schlacht, in der er aber selber unterlag. Er musste sich vor den siegreich vordringenden Normannen zurück-

zweite Schlacht nicht, wie Leo Ost. l. c. angiebt, bei Civitas (Civitella) stattgefunden haben, denn dieses gehörte gleichfalls nicht zum griechischen Apulien. Dazu tritt die Erwägung: würden wohl Melus und die Normannen, welche von Benevent aus den Zug unternahmen, wie aus Rod. Glab. III, 1 hervorgeht, um in das griechische Gebiet zu gelangen, einen derartigen Umweg sich gemacht haben, wie ihn die Erwähnung von Civitas bedingt? Doch sicherlich nicht! — Als dritten Schlachtort führt Leo Ost. l. c. Vaccaricia an, und wird diese Angabe glaubwürdig bestätigt durch eine Urkunde des Basilius Bojoannes v. J. 1019 (ap. Trinchera, Syllab. graec. membran. Nop XVIII; cfr. auch Hirsch, in d. Forschungen zur deutschen Geschichte, VIII, p. 240, und das von mir unten Anhang I, p. 20 darüber Gesagte) — Der Ansicht Hirsch's l. c. p. 243 sqq. über den Bericht des Amat., welcher z. D. die Schlacht bei Vaccaricia als siebente und letzte anführt, schliesse ich mich völlig an, kann aber seine eigene Darstellung dieser Begebenheiten p. 246 nicht gut beimen, sondern muss behaupten, dass, soweit sich diese Verhältnisse überhaupt aufklären lassen, die von mir gegebene Darstellung mit Rücksicht auf die Quellen und die von mir angeführten Gründe durchaus die richtigere ist; so halte ich denn z. B. gestützt auf die Angabe des Lup. und Anon. Bar. 1017 unbedingt daran fest, dass in der zweiten Schlacht zwischen den Normannen und Griechen die letzteren unter Führung des Andronicus gesiegt haben. — Die Sache liegt nach meinem Dafürhalten so: den Ort für die erste Schlacht können wir überhaupt nicht feststellen, da alle anderen Quellen keinen anführen, und die Angaben des Leo Ost. und Guil. Apul. sich als falsch erweisen; die zweite Schlacht fand bei Monte Peluso statt, was die Ann. Bar. 1011 angeben, cfr. Anhang I, pag. 19, und war für die Griechen siegreich; die dritte Schlacht war bei Vaccaricia, wie Leo Ost. II, 37 und die Urkunde des Basilius Bojoannes vom Jahre 1019 berichten; die vierte bei Tranum nach Angabe des Lup. und Anon. Bar. 1018, (— ob an dieser Schlacht auch die Normannen Theil genommen haben, muss dahin gestellt bleiben, da die Quellen nichts darüber sagen; unglaublich würde es immerhin nicht sein, da unzweifelhaft die damaligen Bewegungen in Apulien in engem Zusammenhange standen mit den Unternehmungen des Melus und der Normannen —); die fünfte Schlacht endlich fand statt bei Cannae, cfr. Anon. Bar. 1019. Ann. Bar. 1021, Leo Ost. II, 37, Amat. I, 22 und Guil. Apul. I, v. 91 sq. —

Da ich im Obigen von einer Benutzung des Amat. Seitens des Guil. Apul. gesprochen, so will ich hier noch hinzufügen, dass ich mich durchaus nicht der Ansicht von Hirsch anschliessen kann, welcher l. c. p. 220 sqq. von dem Verhältnisse des Guil. Apul. zum Amat. handelt, und zu dem Schlusse kommt, dass beide ganz unabhängig von einander, und dass der Guil. Apul. also den Amat. nicht benutzt, weil der Stellen, in denen bei Guil. Apul. eine Entlehnung aus Amat. zu Tage trete, nur wenige seien und selbst auch in ihnen noch sich eine Verschiedenheit zeige. Hirsch scheint die Benutzung des einen Schriftstellers Seitens des anderen sich mehr als ein „wörtliches Ausschreiben" zu denken, von einem solchen braucht doch aber, selbst bei einer Benutzung im weitesten Sinne, noch garnicht die Rede zu sein, und gewiss am allerwenigsten bei Guil. Apul., der seinen Bericht in die Form eines Heldengedichtes gekleidet, und schon dadurch allein zu einer freieren Behandlung des Stoffes geführt wurde. — Was dann endlich das Verhältnis des Leo Ost. und Amat. zu einander betrifft, so mache ich auch hierfür dasselbe geltend; im Uebrigen aber kann das von Leo Ost. gegen den Bericht des Amat. gehegte Misstrauen, von welchem Hirsch l. c. redet, in der That doch nicht gar so gross gewesen sein, wenn wir sehen, dass Leo in der zweiten Redaction seiner Chronik seinen eigenen früheren Bericht durch den des Amat. wiederholentlich ersetzt hat, anderen Falles würde es doch ein sehr eigenthümliches Licht auf den Werth des Leo werfen, wenn er, obwohl er Vorsicht gegenüber dem Bericht des Amat. für nöthig gehalten, dennoch dessen Bericht bei der späteren Bearbeitung seiner Chronik den Vorzug gegeben vor seinem eigenen, — und scheint mir dieser Umstand so gerade das Gegentheil von dem zu beweisen, was Hirsch daraus folgern will. —

8

ziehen, und vermochte ihren Eroberungen, die nach kurzer Zeit schon das ganze nördliche Apullen bis Tranum hin umfassten, sowie dem immer weiter um sich greifenden Aufstande keinen Einhalt zu thun. Da kam dann noch im December 1017 von Constantinopel her ein neuer Statthalter, Basilius Bojoannes, und mit ihm ein stattliches Heer, das der griechische Kaiser mit Aufwand grosser Kosten ausgerüstet, um den Bewegungen in Unteritalien und der Gefahr, in welcher dadurch seine Herrschaft in jenen Gegenden schwebte, mit aller Energie endlich völlig ein Ende zu machen. Doch auch die Normannen hatten während dessen bedeutenden Nachschub aus ihrer Heimath erhalten, so dass jetzt auf beiden Seiten vermehrte Streitkräfte zum Kampfe bereit waren. Die nächste Schlacht fand 1018 bei Tranum statt, woselbst eine griechische Heeresabtheilung unter dem Ligorius Tepoterici die Aufständischen besiegte. Basilius Bojoannes selber griff, vorläufig vielleicht noch mit weiteren Zurüstungen beschäftigt, erst später in die kriegerischen Unternehmungen ein; erst im October 1018 begegnete er dem Melus und den Normannen bei Cannae, wo es dann zur Entscheidungsschlacht kam. Die Normannen kämpften mit der grössten Tapferkeit, aber nicht minder das Heer der Griechen, und vorzüglich die russischen Söldner derselben; zudem war die Uebermacht der Griechen zu gross, und hauptsächlich dieser erlagen die Normannen nach hartem Kampfe. Sehr gross war der Verlust der Normannen; viele derselben fanden hier ihren Tod, andere wurden gefangen genommen und nach Constantinopel geführt, wo sie lange Zeit im Kerker schmachteten, und nur wenige, unter ihnen ihr Führer Rodulf, entkamen mit dem Melus glücklich aus der Schlacht. Diese traten, da Melus vorläufig den offenen Kampf gegen die Griechen aufgab, theils in den Dienst des Dattus, des Schwagers des Melus, theils in den unteritalischer Fürsten, so des Waimar von Salerno, Pandulf von Capua, Atenulf, Abt von Monte Casino, der Grafen von Ariano und anderer. Melus selbst aber blieb nicht unthätig, vielmehr war er eifrig bestrebt, sich von Neuem Mittel zur Wiederaufnahme des Kampfes zu verschaffen. In richtiger Erkenntniss davon, dass eine neu anblühende Macht der Griechen in Italien nicht allein den langobardischen Fürsten, sondern in hohem Maasse auch dem Papste Gefahr bringe, und gegen die Interessen des deutschen Kaisers sei, wandte er sich an diese beiden letzteren, besonders an den Kaiser, um Hülfe. So finden wir den Melus denn gegen Ostern des Jahres 1020 am Hofe Kaiser Heinrich II zu Bamberg [*]), und zugleich mit ihm auch den Normannen Rodulf [*]) und den Papst Benedict VIII. Der Papst war zwar unter dem äusseren Vorwande, nur der Einladung des Kaisers [*]) Bamberg zu besuchen Folge zu leisten, nach Deutschland gekommen, aber hinter diesem so

---

[*]) Dass Melus sich nach Deutschland an den Hof des Kaisers begeben, berichten Lup., Anon. Bar., Amat. I, 23, Leo Ost. II, 39 und Guil. Apul. I, v. 97 sqq.; eben dieselben haben auch die Nachricht von dem Tode des Melus. Das Jahr des Todes geben Lup. und Anon. Bar. 1020 an; über den Todestag cfr. Ann. et notae Babenberg. ed. Jaffé, Mon. Script. XVII, p. 640, und dazu die Anm. 32 ebendort. An dieser Stelle findet sich auch die Nachricht, dass Melus zum Herzog von Apulien von Heinrich II ernannt; cfr. ferner die anderen im Anhang I, p. 17 sq. angeführten Stellen. —

[*]) Dass auch Rodulf sich zu Heinrich II begeben, sagt Rodulf Glab. III, 1, dessen Nachricht dadurch noch mehr Glaubwürdigkeit erhält, dass auch Lup. 1019 sagt, Mel cum aliquantis Francis sei zum Kaiser gefahren. —

[*]) Die Anwesenheit Benedict VIII in Bamberg wird ausdrücklich erwähnt in der Vita S. Heinr. Imp., I, c. 25—27, cfr. Mon. Script. IV, p. 807 sq.; hier findet sich auch angegeben, dass der Kaiser den Papst eingeladen habe; cfr. ausserdem die Vita S Cunigundis, Mon. Script. IV, p. 821, und Ruperti Chron. S. Laurentii Leodiens. c. 19 ap. Pertz, Mon. Script. VIII, 268. Denn geben noch Sigebert. Gembl. Chron. 1020 (Mon. Script. VI), die Ann. August., 1020 (Mon. Script. III, 125), Annal. Saxo, 1020 (Mon. Scr. VI, 674) u. Chron. Universale Ekkehardi 1019 (Mon. Scr. VI, 193), sowie Ann. Quedlinb. 1020, (Mon. Scr. III, 85), die

unverfänglichen Grunde lagen gewiss noch tiefere Motive verborgen, und findet sich diese Annahme nicht allein gerechtfertigt durch das wundersame Zusammentreffen mit dem Melus und Rodulf am Hofe Heinrich II, sondern noch mehr durch das ganze bisherige Verhalten Benedict's den unteritalischen Bewegungen gegenüber, und durch das augenblickliche siegreiche Auftreten der Griechen, welches dem Papste leicht sehr gefährlich werden konnte. Freilich wissen wir nichts über die etwa hier gepflogenen Unterhandlungen, aber dennoch giebt es etwas, was uns über die Stellung des Kaisers und das Resultat der Reise des Papstes und des Melus völliges Licht verschafft. Wir wissen nämlich, dass der Kaiser den Melus zum Herzog von Apulien ernannt hat, und dies würde er nicht gethan haben, wenn er Apulien hätte im Besitz der Griechen belassen wollen, und nicht vielmehr die Absicht gehegt hätte, es ihnen wieder zu entreissen; dass er denn wirklich dieses zu thun gewillt war, beweist der 1021 von ihm unternommene Zug nach Unteritalien. — Doch Melus sollte diesen seinen Wunsch nicht mehr in Erfüllung gehen sehen; noch während des Rausches der Festfreuden starb er plötzlich zu Bamberg am 23. April 1020, und liess ihn der Kaiser daselbst ehrenvoll bestatten, und noch auf seinen Leichenstein ihm den Titel eines Herzogs von Apulien schreiben. — Der Papst kehrte dann im Sommer 1020 nach Italien zurück, während Rodulf beim Kaiser geblieben und mit ihm erst 1021 nach Italien gegangen zu sein scheint. —

In Italien hatten die Griechen indessen unter Basilius Bojoannes immer weitere Fortschritte gemacht [13]; nicht allein hatten sie einen Theil des nördlichen Apuliens bis zum Fortore hin, der bis zum Ausbruch des Krieges gegen Melus und die Normannen zu Benevent gehört hatte, erobert, und seinen Besitz durch die Wiederherstellung der festen Städte Dracunaria, Ferentinum und Civitas gesichert, sondern auch auf der anderen Seite nach Benevent zu schon Eroberungen gemacht. In diesem eroberten Gebiete wurde die längst zerstörte Feste Ecana wiederaufgebaut, welche jetzt den Namen Troja [14] erhielt, und so der griechischen Herrschaft auch hier eine festere Grundlage gegeben. Von den langobardischen Fürsten war Landulf V von Benevent der einzige, welcher der Sache des

Anwesenheit des Papstes in Bamberg an; aus dieser letzten Stelle geht zugleich hervor, dass der Papst im Sommer desselben Jahres schon wieder nach Rom zurückkehrte; die letzte von ihm in Deutschland ausgestellte Urkunde datirt vom 1. Mai, cfr. Jaffé, reg. pontif. p. 354. — Die Angabe Leo's, Gesch. d. ital. Staaten, I, p. 360, dass Benedict nach Deutschland gekommen und das Bisthum von Bamberg eingeweiht habe, um „einer Grille der Kunigunde, der Gemahlin Kaiser Heinrich's, zu genügen", beruht wohl auf einer blossen Conjectur, wenigstens habe ich in den Quellen nichts als Beleg für diesen Ausspruch finden können. —

[13] Ueber das siegreiche Vordringen der Griechen in Italien cfr. Leo Ost. II, 38 u. 39 und Amat. I, 25. —

[14] Die Wiederherstellung von Dracunaria, Ferentinum und Civitas sowie von Troja findet sich bei Leo Ost. II, 51 erwähnt; die von Troja wird ausserdem noch angeführt bei Leo Ost. II, 40 und Amat. I, 24,— der letztere sagt zugleich, dass es im Beneventanischen Gebiet gelegen, — sowie bei Romuald Salern. 1013, der hinzufügt, dass es früher Ecana geheissen, womit ohne Zweifel das alte Aecas gemeint ist, an dessen Stelle Troja wirklich lag, cfr. Forbiger, 3, 749, und Romanelli, 2, 184, 225 sqq. u. p. 323, wo auch gesagt, dass Murat. Ann. a. 419 u. 439 Aecas und Eclanum verwechsle; dasselbe thut Spruner, hist.-geogr. Atlas Karte v. Ital. Nr. I (Aeclanum). In Troja gab der Basilius Bojoannes denjenigen Normannen Wohnsitze, welche nach der Schlacht bei Cannae Anfangs in den Dienst der Grafen von Ariano getreten, aus demselben bald aber in den des Basilius Bojoannes übergegangen waren; cfr. ap. Trinchera, l. c., Urkunde Nr. XVIII. — Dracunaria lag nahe am Fortore, etwas südwestlich davon, ebenfalls nahe am Fortore, lag Civitas, und Ferentinum etwa in der Mitte zwischen Dracunaria und Luceria. — Obgleich die griechischen Grenzen hier bis zum Fortore vorgeschoben waren, gehörte doch auch jetzt Sipontum und der Mons Garganus nicht zum griechischen, sondern zum beneventanischen Gebiet. —

abendländischen Reiches und dem Papste treu war und blieb, dagegen waren, wenn auch vorläufig noch nicht offen, Pandulf IV von Capua und sein Bruder, der Abt Atenulf von Monte Casino, auf die Seite der Griechen getreten, und auch Waimar III von Salerno neigte sich diesen entschieden zu. Bald zeigte Pandulf es auch offen, dass er zur Sache des griechischen Kaisers halte; er übersandte dem Kaiser Basilius nach Constantinopel die goldenen Schlüssel von Capua, die er eigens dazu hatte anfertigen lassen, als Zeichen, dass er sich und sein Land dem griechischen Kaiser unterwerfe [11]. So konnte es denn auch nicht mehr Wunder nehmen, dass Pandulf dem Basilius Bojoannes, freilich erst nach Zahlung einer bedeutenden Summe Geldes, den Durchzug durch sein Gebiet gestattete, um jenen festen Thurm am Garigliano, welchen der Papst dem Dattus als Zufluchtsstätte gewährt hatte, zu erobern. Schon nach zwei Tagen musste sich Dattus (im Jahre 1021) den Griechen ergeben, die ihn gefesselt nach Bari führten, wo er in einen Sack genäht in's Meer geworfen wurde [12]), während sie die hier ebenfalls gefangen genommenen Normannen dem Abt von Monte Casino auf seine Bitten übergaben. — Somit war nun in der ersten Hälfte des Jahres 1021 das Gebiet des Papstes schon unmittelbar von den Griechen angegriffen worden, und noch immer liess die Hülfe Kaiser Heinrich II auf sich warten. Dieser hatte selber noch in seinem Reiche gegen einen Aufständischen, gegen Otto von Hammerstein, zu kämpfen, doch sobald er ihn unterworfen, und sein Reich völlig beruhigt sah, rüstete er sofort zum Zuge nach Italien, und schon Anfang December 1021 stand er mit einem deutschen Heere auf italischem Boden [13]). Hier schloss sich ihm auch ein lombardisches Heer an, und nachdem er zu Ravenna das Weihnachtsfest gefeiert hatte, brach er Anfang 1022 von hier in drei Heerhaufen nach Süden hin auf. Der Kaiser selbst nahm mit dem einen Heerhaufen den Weg an der Küste des adriatischen Meeres entlang, und kam so nach kurzer Zeit in's beneventanische Gebiet, wo er freudig vom Volke und dem Fürsten empfangen Anfang März in die Hauptstadt des Landes selber einzog. Hier schon stiess der Patriarch Poppo von Aquileja mit dem zweiten Heerhaufen wieder zu dem Kaiser; Poppo war durch das Marserland, welches sich gleichfalls schon theilweise in den Händen der Griechen befunden, gezogen, jedoch ohne irgend wo auf den Feind zu stossen, während sich ihm alle Grafen des Landes willig unterworfen hatten. In Benevent kam auch der Papst Benedict zum

[11]) Das Verhalten Landulf V von Benevent ist ersichtlich aus Rod. Glab. III, 1, wie auch daraus, dass der Kaiser, während er gegen Waimar, Pandulf und Atenulf feindlich auftritt, gegen diesen nichts unternimmt; cfr Amat. I, 24 und Leo Ost. II, 38, von denen der Letztere über das Verhalten Pandulfs noch näheren Aufschluss giebt. Ebendort wird angegeben, dass Bojoannes gegen ein Geldgeschenk an Pandulf die Erlaubniss zum Durchzuge durch das capuanische Gebiet erhielt, um den Thurm am Garigliano belagern zu können, (sowie, dass Bojoannes sich auch gegen Atenulf sehr willfährig erwies, wie aus mancherlei Gefälligkeiten und namentlich aus der Schenkung der Güter des aufständischen Maraldus aus Transum ersichtlich ist, cfr. Leo Ost. II, 38 und ap. Trinchera, l. c., die Urkunde XIX vom Juni 1021). — Die Eroberung des Thurmes am Garigliano und die Gefangennahme des Dattus haben ausser Leo Ost. II, 68 und Amat. I, 25 auch Lup. 1021, Anon. Bar. und Anon. Casin. br. Chron. 1021, aus welchen letzteren zugleich das Jahr der Eroberung zu ersehen. Die Dauer der Belagerung findet sich bei Leo Ost. l. c. auf zwei Tage angegeben. — Die Gründe, weshalb für den Zug des Basilius Bojoannes gegen den Dattus der Bericht des Leo Ost. dem des Amat vorzuziehen, siehe bei Hirsch, in d. Forschungen zur deutsch. Gesch. VIII, (2) p. 248. —

[12]) Ueber den Tod des Dattus cfr. Amat I, 25, und Leo Ost. II, 38; bei letzterem ist die Todesart auch näher angegeben: insutus culleo more parricidarum in mari praecipitatus est. —

[13]) Die Hauptquellen für den zweiten Zug des Kaisers Heinrich II nach Italien sind Amat. I, 24 sqq. und Leo Ost. II, 39 sqq.; dann cfr. auch Rodulf Glab. III, 1, Lup., Anon. Casin., die Ann. Quedl., Ann. August. 1022, Ann. Benev. u. Ann. Haeremi 1022, Ann. Sangall. maj. 1022, und die Urkunden bei Böhmer, reg. Imp. Conr. I — Heinr. VII, p. 63. —

Kaiser, und begleitete ihn, wie es scheint, nun auf seinen ferneren Zügen. Nach kurzem Aufenthalte
brach der Kaiser von hier gegen Troja auf, um diese Feste den Griechen wieder zu entreissen. Mitte
März langte er vor ihr an, und begann sofort die Belagerung. Bei der guten Befestigung der Stadt
konnte der Kaiser auf so baldigen Erfolg aber nicht rechnen, und bot er deshalb, da ihm daran
lag, schnell vorwärts gehen zu können, den Einwohnern der Stadt nach einem vergeblichen Sturme,
falls sie sich freiwillig ergeben würden, günstige Bedingungen an. Doch trotzend auf die Stärke ihrer
Mauern, und sich der Hülfe der Griechen versichert haltend, wiesen sie stolz und mit höhnenden
Worten das Anerbieten des Kaisers zurück. Als dann aber die Hülfe der Griechen ausblieb, sahen
sich die Bewohner von Troja nach dreizehnwöchiger Belagerung durch den Mangel an Lebensmitteln
genöthigt, sich der Gnade des Kaisers zu ergeben[18]). Obgleich dieser denselben zuvor wegen ihres
Hohnes und Trotzes Rache gelobt, so verzieh er ihnen jetzt doch grossmüthig, und gestattete sogar,
dass die Mauern der Stadt völlig wieder hergestellt wurden, um sum als Schutzwehr gegen ihre eigenen
Erbauer, die Griechen, zu dienen.

Noch bevor sich Troja dem Kaiser ergeben, hatte auch der dritte Heerhaufen unter dem
Erzbischof Piligrim von Cöln sich wieder mit den beiden anderen vereinigt. Piligrim, der die Aufgabe
gehabt, die abtrünnigen langobardischen Fürstenthümer wieder zu unterwerfen und den Pandulf von
Capua und seinen Bruder, den Abt Atenulf von Monte Casino, gefangen zu nehmen, hatte seinen Weg
über Rom und durch Campanien genommen. Sobald er sich dem capuanischen Gebiete näherte, entfloh
der Abt Atenulf um sich zu Otranto nach Constantinopel einzuschiffen; doch ein Sturm überfiel das
Schiff, und so fand er am 30. März 1022 in den Wellen des Meeres seinen Tod[19]). Sein Bruder
Pandulf versuchte sich zur Wehr zu setzen, als aber Piligrim vor Capua erschien, erkannte er die
Nutzlosigkeit dieses Vorhabens und ergab sich demselben. Piligrim besetzte die Stadt, liess Pandulf
einkerkern, und zog dann weiter gegen Salerno, das sich gleichfalls schon nach kurzer Belagerung
ergab, und musste Fürst Waimar seinen Sohn als Geissel stellen. Auch Neapel unterwarf sich jetzt
wieder dem abendländischen Reiche, und erkannte dessen Oberhoheit an. — Nachdem Piligrim seine
Aufgabe so völlig gelöst, war er zum Kaiser zurückgekehrt. Dieser hielt vor Troja sofort Gericht
über Pandulf; derselbe wurde zum Tode verurtheilt, und nur auf dringendes Bitten Piligrim's ward
dieses Urtheil in Verbannung umgewandelt, und Pandulf sogleich gefesselt über die Alpen nach
Deutschland geschickt, der Sohn Waimar's aber dem Papste zur Aufbewahrung übergeben. — Der
Kaiser zog dann, nachdem er zuvor sich noch hatte Geisseln von den Trojanern geben lassen, in der
zweiten Hälfte des Juni von Troja fort, und da jetzt schon die heisse Jahreszeit eingetreten war, so
gab er den Zug nach Apulien ganz auf, und begnügte sich damit die langobardischen Fürstenthümer
wieder dem abendländischen Reiche gesichert zu haben. Ueber Capua, wo er den Grafen Pandulf von
Teanum als Fürsten einsetzte[20]), ging er zunächst nach Monte Casino. Hier blieb er zusammen mit
dem Papste den 28. und 29. Juni, und setzte einen neuen Abt, den Theobald, ein[21]). Dann gab er
noch drei Neffen des Melus, dem Stephan, Melus und Petrus, gemeinschaftlich die nördlich von Monte

---

[18]) Die genauere Beschreibung der Belagerung und Eroberung von Troja findet sich bei Rod. Glab.
III, 1, wo, ebenso wie bei den Ann. Herem. und Sangall. maj., auch die Dauer der Belagerung angegeben
wird; — cfr. ausserdem ap. Trinchera, l. c. p. 21, die Urkunde für Troja vom J 1024, und Hirsch, in d.
Forschungen z. d. Gesch., VIII, 248 sq.
[19]) Den Todestag des Atenulf ersehen wir aus d. Necrolog. Casin.: „III. Kal. Apr." —
[20]) Ueber die Belehnung Pandulf's von Teanum mit Capua cfr Leo Ost. II, 41. —
[21]) cfr. Amat. I, 27 sqq. und Leo Ost. II, 42 und 43. —

2 *

Casino um den Melpis (einen Nebenfluss des Garigliano) gelegene Grafschaft Comino, und wies ihnen zugleich als Schutz fünf und zwanzig normannische Ritter zu[10]). Der Zweck dieser Belehnung war offenbar nicht allein der, den Neffen des Melus einen Ersatz zu gewähren für die durch das Verhalten des Melus gegen die Griechen der Familie verloren gegangenen Güter, sondern auch, dem Melus noch nach seinem Tode ein offenkundiges Zeichen seiner Gesinnung gegen ihn zu geben und seine Billigung zu dem Unternehmen desselben dadurch auszusprechen. Darauf begab der Kaiser sich in Gemeinschaft mit dem Papste nach Rom, und zog von dort nach kurzem Aufenthalte weiter nach Norden; eine in seinem Heere ausbrechende Seuche raffte den grössten Theil desselben hin, so dass er nur mit wenigen noch den deutschen Boden wieder betrat. — So endete dieser Zug des Kaisers, auf den Melus bei seinen Lebzeiten und die Normannen so grosse Hoffnungen gesetzt hatten, ohne die Erwartungen dieser letzteren auch nur im Geringsten gerechtfertigt zu haben. Rodulf und mit ihm viele andere normannische Ritter kehrten deshalb enttäuscht in ihre Heimath zurück[11]), und nur wenige blieben in den Diensten unteritalischer Fürsten, oder ohne festen Sitz in Unteritalien umherziehend und dem Meistbietenden ihre Dienste verkaufend daselbst zurück[12]). — So schien es fast, als ob den Normannen in Italien kein Glück erblühen werde, und wohl Niemand ahnte damals, dass dieselben nach kaum zwei Menschenaltern Herren von fast ganz Unteritalien und Sicilien sein würden. —

---

[10]) cfr. Leo Ost. II, 41, ebenso Amat. I, 29; die Lage der Grafschaft Comino ist ersichtlich aus Leo Ost. II, 60; cfr. dazu auch die Stellen, welche unter Cominas, Cominium im Glossarium zu Monum Ser. VII. p. 857 angegeben, sowie Spruner, hist. geogr. Atlas, Karte v. Ital. Nr. I (über den Melpis Fluss). —

[11]) Die Angabe, dass Rodulf und andere Normannische Ritter nach der Normandie nach Beendigung dieses Zuges Heinrich II zurückgekehrt seien, findet sich bei Rod. Glab. III, 1. —

[12]) Ueber die in Italien zurückbleibenden Normannen erfahren wir etwas Näheres bei Amat. I, 32 sq., Leo Ost. II, 56 und Guil. Apul. I. 107 sqq. —

Anhang I.

Die griechischen Statthalter in Italien von 1008—1029.

--- --- --- ---

1008—1010. Curcua.

Curcua kam nach dem übereinstimmenden Zeugniss des Lupus und Anon. Bar. 1008 (ind. VI) als Statthalter nach Italien, und zwar, wie Lupus näher angiebt, im Mai 1009, für welche Angabe wir eine Bestätigung darin finden, dass Curcua (— in Gemeinschaft mit dem Joannes Antipatus —) schon im Juli desselben Jahres in Italien dem auf dem Monte Gargano gelegenen Kloster Sct. Johannis in Lamis eine Urkunde ausstellte. Mitgetheilt wird dieselbe in einer Urkunde vom Jahre 1005, durch welche der Graf Heinrich von Monte S. Augelo demselben Kloster die von den griechischen Statthaltern gemachten Schenkungen bestätigt, und da hier die Urkunde des Curcua, datirt vom Monat Juli der VI. Indiction, aufgeführt wird unmittelbar nach einer Urkunde des Xiphea, des Vorgängers von Curcua, welche im Monat März der V. Indiction ausgestellt ist, so kann, da Xiphea nach Lup. und Anon. Bar. 1007, Ind. V starb, die in der Urkunde des Curcua angegebene VI. Indiction nur die zum Jahre 1008 gehörige VI. Indiction sein: (cfr. das Diploma del 1095 di Errico etc. ap. Gios. del Giudice, codice diplom. del regno di Carlo I e II d'Angio, Napoli 1863, I Bd. 1, Appendice I, p. XIII). — Curcua ist der erste griechische Statthalter, der gegen den aufständischen Melus zu kämpfen hat, wie wir aus Lupus 1000 ersehen, und bestätigt finden durch die Ann. Bar. 1011, wo es heisst: Longobardia rebellavit cum Mele ad ipsum Curcuam. Doch das Jahr, welches die Ann. Bar. angeben, werden wir auf alle Fälle für falsch erklären müssen; [schon eine rein äusserliche Vergleichung der drei Barenser Annalen, welche alle aus einer gemeinsamen Quelle geschöpft haben, giebt uns die Gewissheit, dass gerade die Ann. Bar. am Unvollständigsten sind; dass sie ausserdem auch am Unzuverlässigsten, werde ich weiterhin noch Gelegenheit haben darzuthun, vorläufig verweise ich nur auf Hirsch (Ferd. Hirsch, de Italiae inferioris Annalibus sacc. X et XI. Dissertatio. Berolini 1864) p. 25]. Selbst durch die Annahme verschiedener Jahresanfänge können wir diesen Unterschied zwischen der Angabe des Lup. und der Ann. Bar. auf keine Weise ausgleichen [1]). Denn bei Lupus statt 1009

---

[1]) Im Mittel-Alter waren nämlich in Unteritalien „drei" von der gewöhnlichen Zeitrechnung verschiedene Normen der Zeitrechnung in Gebrauch; die eine begann das Jahr (cfr. Ideler, Chronologie II, 330) erst mit dem 25. März (calculum Florentinum); die zweite ebenfalls mit dem 25. März, aber sie war der ersten ein Jahr voraus, da sie nicht von Christi Geburt, sondern von „Mariae Empfängniss" an rechnete (calculum Pisanum); die dritte begann das Jahr mit dem 1. September, und rechnete auch sie nicht von Christi Geburt, sondern von dem „September des vorhergehenden Jahres" an (calculum Graecum). Alle

14

das Jahr 1010 zu setzen, würde eine reine Willkührlichkeit sein, da wir es hier mit einem Bericht aus dem Monat Mai zu thun haben, und Lupus, wie wir uns seinen Angaben zu 1017 ersehen, nach dem Calculum Graecum rechnet, also seine Zeitrechnung nur für die Monate September bis December incl. von der gewöhnlichen abweichend ist. Eine Aenderung der Jahresangaben bei Lupus ist daher nur für die genannten Monate gerechtfertigt, kann aber auch hier nur stets eine „rückwärts-" niemals eine „vorwärts-" datirende sein. Einen weiteren Grund gegen diese Aenderung bietet uns die von Lupus zu 1010 übereinstimmend mit dem von ihm unabhängigen Anon. Bar. (cfr. Hirsch, l. c. p. 25) gegebene Nachricht vom Tode des Corcua. Wollten wir nun auch bei den Aun. Bar. statt 1011 mit Rücksicht auf das von ihnen gebrauchte Calculum Pisanum 1010 setzen, so würde dadurch doch weder eine Uebereinstimmung mit den Angaben des Lupus zu 1009, noch mit denen zu 1010 herbeigeführt. Nach den Aun. Bar. würde dann ja noch immer Corcua im „Mai" 1010 am Leben sein, während er nach Lupus doch allerwenigstens schon Anfang „März" 1010 gestorben sein muss, da noch im „März desselben Jahres" sein Nachfolger Basilius Mesardonites in Italien eintrifft. So bleibt der Widerspruch doch ungelöst, und da fragt es sich, welche von den Barenser Quellen mehr Glauben verdient. Dies sind ohne Zweifel Lupus und der Anon. Bar. (cfr. Hirsch, l. c. p. 25), was zu beweisen wir noch fernerhin Gelegenheit haben werden. Wir werden hiernach also das Jahr 1009 unbedingt für den Anfang des (ersten) Aufstandes des Melus festhalten. --

Zu 1009 giebt Lupus gleichfalls noch die Nachricht von einem sehr strengen Winter, welche nach dem eben ausgeführten und mit Rücksicht auf das calculum Graecum natürlich auf den Winter 1008—1009 zu beziehen ist. Mit dieser Nachricht bringt Wilmans (cfr. dessen Abhandlung, Archiv X, 111—116) die Angabe Cedren's II, p. 456 in Verbindung, wo zum Jahre 6518 der Welt und zur VIII. Indiction (— d. h. 1010 n. Chr. —) die Zerstörung des heiligen Grabes durch den Sultan von Aegypten berichtet wird, und wo es im Folgenden dann weiter heisst: τῷ δὲ ἐπιόντι ἔτει war ein ausserordentlich strenger Winter und Erdbeben, und war dies ein Vorzeichen des in Italien hierauf (μετὰ ταῦτα) folgenden Aufstandes. Den hier erwähnten strengen Winter und den bei Lupus 1009 hält Wilmans für denselben. Wenn dies nun auch zugegeben werden soll, so bleibt doch immer noch die Verschiedenheit der Jahresangaben, die sich bei beiden findet, zu erörtern. Die Argumentation, welche Wilmans zu dem Zwecke anstellt, vermag aber weder zu überzeugen, noch führt sie einen Ausgleich herbei. Unter τῷ δὲ ἐπιόντι ἔτει versteht Wilmans nämlich (cfr. dessen Ausführung darüber, Archiv X, p. 113 Anm. 3) „das zu der vorhergenannten Indiction gehörige Jahr," und glaubt sich hierzu um so mehr berechtigt, als Cedren. in den folgenden Worten bei Erwähnung des Erdbebens von dem Monat Januar „τῆς αὐτῆς ἐπινεμήσεως" spricht, ohne die 9te Indiction erwähnt zu haben. Diese Erklärung jedoch thut den Worten in einer durch nichts zu rechtfertigenden Weise Gewalt an; denn wo fände sich dafür ein Beleg, dass ἐπιών in der von Wilmans gewollten Bedeutung gebraucht werden könnte? Obendrein nützt es auch nicht einmal etwas; die Jahresangaben des Lupus und des Cedrenus lassen sich selbst dadurch nicht in Einklang bringen. Die Angabe des Lupus bezieht sich, wie oben dargethan, unzweifelhaft auf den Winter 1008—1009, und die des Cedren. würde selbst bei dieser Erklärung immer nur auf den Winter 1009—1010 gehen (— Cedren. rechnet natürlich auch nach dem calculum Graecum —). Die Angabe des Cedrenus bedingt aber auch durchaus

---

drei waren somit von der gewöhnlichen Zeitrechnung verschieden; die erste blieb fast 3 Monate hinter derselben zurück; die zweite war derselben 9 Monate und einige Tage, und die dritte ihr am 4 Monate voraus; (cfr. Hirsch, l. c. p. 11). - Die Annal. Bar. gebrauchen oft das calculum Pisanum; Lupus und Anon. Bar. das calculum Graecum.

nicht eine solche Erklärungsweise, sondern giebt ohne dieselbe einen ganz guten Sinn, und zwar in folgender Weise: τῷ δὲ ἐκείνῳ ἔτει wird ganz wörtlich gefasst, und wir verstehen darunter, da das Jahr 6518 der Welt vorhergeht, natürlich das Jahr 6519 der Welt. τῆς αὐτῆς ἐπινεμήσεως bezeichnet demnach die zum Jahre 6519 d. W. gehörige Indiction, und die hier angegebenen Ereignisse folgen derartig: „in das Jahr 6518 (VIII. Ind.) fällt die Zerstörung des heiligen Grabes; 6519 (IX. Ind.), welches Jahr mit dem 1. September beginnt, fand der strenge Winter statt; im Januar derselben (— also der IX. —) Indiction das grosse Erdbeben und darauf der Aufstand in Italien." Cedren. führt zwar zu τῷ δὲ ἐκείνῳ ἔτει nicht ausdrücklich die neue Indiction an, aber da jedes Jahr seine eigene Indiction hat, so versteht sich eine solche auch für dieses Jahr ganz von selbst. Die Zusammengehörigkeit von Jahr und Indiction war dem Cedren., wie natürlich, so geläufig, dass er sich hier auf eine vorhergenannte Indiction bezieht, wo er nur das Jahr vorher erwähnt hat. Dies kann um so weniger auffallen, als er über diese ganzen Verhältnisse mit einer ungemeinen Kürze berichtet, ein derartiges Uebersehen also leicht vorkommen konnte. Es sei auch gleich darauf aufmerksam gemacht, dass Cedren. nicht allein hier, sondern so oft er die italischen Verhältnisse berührt, dieselben stets nur ganz beiläufig und mit einer fast unverzeihlichen Kürze und Ungenauigkeit erwähnt. Dass trotzdem Wilmans demselben eine so grosse Bedeutung beilegt, muss daher um so mehr auffallen, und scheint es fast, als habe Wilmans es sich zur besonderen Aufgabe gemacht, zwei gerade über diese Verhältnisse sehr ungenau und unzuverlässig berichtende Autoren (— die Annal. Bar. und den Cedren.—) auf alle Weise zu vertheidigen und in ein besseres Licht zu stellen. Ich werde im Folgenden noch mehrfach Gelegenheit haben, dem Cedren. Ungenauigkeiten nachzuweisen, und so will ich denn hier schon hervorheben, dass derselbe für die vorliegenden Begebenheiten die Beachtung, welche ihm Wilmans beilegt, durchaus nicht verdient. Am wundersamsten ist es, dass Wilmans trotz seiner Argumentation nachher selber noch angewiss ist, wann bestimmt der strenge Winter nach Cedren. stattgefunden habe. Dies giebt er dadurch zu erkennen, dass er weiterhin selbst sagt, derselbe falle nach Cedren. entweder 1009—1010 oder 1010—1011. Wir werden uns daher auch hier unbedingt der Chronologie des Lupus anschliessen, und zugestehen, dass Cedrenus an dieser Stelle chronologisch falsche Angaben enthält. —

Die Ereignisse dieser Zeit in Unteritalien folgen darnach nun derartig:

1008 Ankunft des Curcua (Lup. und Anon. Bar.);

Winter 1008—1009 starker Frost (Lup. und Cedren.);

1009 Ausbruch des Aufstandes, und zwar im Mai (Lup. u. Ann. Bar.);

1010 stirbt Curcua, und zwar im Anfang des Jahres, da schon im März desselben Jahres sein Nachfolger Basilius Mesardonites nach Italien kommt (Lup. u. Anon. Bar.). —

1010—1016. Basilius Mesardonites.

Dass Basilius Mesardonites in diesen Jahren griechischer Statthalter in Italien gewesen, finden wir, abgesehen von den erwähnten Quellen, auch bestätigt durch zwei von ihm noch vorhandene Urkunden, welche sich bei Trinchera (Syllabus graecarum membranarum, Neapoli 1865, pag 14—17, Nr. XIV und XVI) abgedruckt finden. Die erstere dieser beiden Urkunden, ausgestellt zu Salerno, ist datirt vom October des Jahres 6520 d. W., Indict. X, d. h. 1011 n. Chr., und die andere vom August der XIV. Indict., d. h. 1016. Ausserdem heisst es dann noch in einer Urkunde vom 12. Jan. d. J. 6523 d W., Ind. XIII, d. h. 1015 — (cfr. l. c. Nr. XV) — ausdrücklich, dass sie ausgestellt sei zu den Zeiten des Statthalters Basilius Mesardonites, — und eine Urkunde endlich vom März

d. J. 1032 (Ind. XV), — l. c. Nr. XXIII — erwähnt den Basilius Mesardonites wenigstens als einen
früheren griechischen Statthalter in Italien. Von den genannten Urkunden besitzen wir Nr. XIV
nur in lateinischer Uebersetzung, von Nr. XV und XVI das griechische Original, und von Nr. XXIII
sogar das griech. und latein. Original. In diesen Original-Urkunden lautet der Beiname des Basilius
übereinstimmend Mesardonites (mesardoniti), Grund genug, denselben als den allein richtigen gegenüber den mannigfachen Corrumpirungen in den Quellen unbedingt festzuhalten. So schreibt schon die
nur in latein. Uebersetzung erhaltene Urkunde v. J. 1011 (Nr. XIV) abweichend von den Originalen
Basilius de Mesardonia; — von den Quellen geben nur der Anon. Bar. zu 1010 und 1011 und die
codices 4 u. 5 des Lupus (zu 1017 u. 1010) die richtige Form des Namens (mesardoniti), während
die anderen codices des Lupus zu 1010: Marsedonici, marcedonico (c. 1a), mascedoniti (c. 2), mace-
donia (c. 3), und zu 1017 marsedoniti (c. 2) und masardoniti (c. 3), und die Annal. Barens. zu 1013
sogar Basilius Sardonti schreiben. — Ausser an den genannten Stellen wird der Basilius dann noch
erwähnt bei Cedren. II, 457, wo er Βασίλειος ὁ Ἀργυρός, Statthalter von Samos, heisst, und wo hinzugefügt wird, dass mit ihm zugleich der sogenannte Contoleon, Statthalter von Cephallonia, Auftrag
erhielt gegen die Aufständischen zu ziehen, was ich so verstehen möchte, „dass der Statthalter der
dem aufständischen Gebiete so nahen Insel den Befehl erhielt, den Basilius zu unterstützen", da
Contoleon selbsthandelnd bei diesem (ersten) Aufstande des Melus nirgend erwähnt wird. Abgesehen
davon, dass Cedren. II, 457 sagt: τὰς ἀντιπαράξεσεις ὁ Μέλης, also „welchen" [d. h. dem Basilius
und Contoleon] Melus in einer Schlacht entgegentrat, thut auch Cedren. desselben weiter keine Erwähnung. — Den Βασίλειος ὁ Ἀργυρός für denselben zu halten mit dem Basilius Mesardonites sind
wir schlechterdings durch die Umstände, unter denen beide auftreten, gezwangen, denn der Βασίλειος
ὁ Ἀργυρός wurde nach Cedren. l. c. zur Unterdrückung des (— wie wir oben gesehen —) 1009 in
Italien ausgebrochenen Aufstandes von Constantinopel her geschickt, und unter ganz demselben Verhältnissen wird bei Lupus 1010 die Ankunft des Basilius Mesardonites (Marsedonici) in Italien berichtet, so dass trotz der Verschiedenheit der Beinamen beider kein Zweifel weiter obwalten kann
über ihre Identität. Dass Cedren. hierbei nicht den Curcua erwähnt, kann weiter nicht auffallen, da
es sich ja von selbst verstand, dass Curcua dem in seiner Provinz ausgebrochenen Aufstande entgegentrat, und erst der Basilius mit dem besonderen Auftrage „ἐπὶ τῷ καταστῆσαι Ῥωμαίοις τὰ πράγματα"
dorthin geschickt wurde, und zwar, wie wir nach den anderen Quellen (Lupus und Anon. Bar.) schliessen
müssen, nach dem Tode des Curcua. — Es wird hier allerdings bei Cedren. l. c. gesagt, dass dieser
Basilius (und der Contoleon) von dem Melus besiegt sei, was wir sonst nirgend bestätigt finden,
denn, wenn Wilmans (Archiv X p. 114) meint, dass diese Schlacht dieselbe sei mit der bei Trannm,
cfr. Lup. und Anon. Bar. 1018, so kann ich dem durchaus nicht beistimmen: erstens wird bei Lup.
und Anon. Bar. 1018 garnicht gesagt, dass dieselbe gegen den Basilius Bojoannes (der nach beiden
in demselben Jahre 1018 als griechischer Feldherr nach Italien gekommen ist) geschlagen sei, Lup.
nennt sogar einen Ligorius Tepoterici, und dann müsste man auch annehmen, dass der 1018 bei beiden
erwähnte Basilius Bojoannes derselbe sei, wie dieser Basilius Mesardonites (Ἀργυρός), was Wilmans
freilich thut (Archiv X, 113 sqq.). Dies bestreite ich jedoch, und werde ich weiter unten (cfr. Anhang I, p. 21 sqq.) Gelegenheit haben die Richtigkeit meiner Ansicht darzulegen. Vielmehr glaube
ich, dass die Angabe des Cedren. hier völlig irrig ist; wie ungenau Cedren. über diese Verhältnisse
unterrichtet war, geht am klarsten daraus hervor, dass er seine Nachricht über diesen Aufstand des
Melus schliesst mit dem Siege des Melus: und doch wissen wir ganz genau, dass dieser (erste) Aufstand des Melus unglücklich endete, wie dies nicht allein Leo Ost. II, 37 ausdrücklich sagt, sondern
wie wir dies auch aus Guil. Apul. I, 13 sqq. und aus Amat. I, 20 ersehen können, und gewiss werden

dies doch Cedren. berichtet haben, wenn er hiervon Kenntniss gehabt hätte. Die bei den Annal. Bar. 1011 erwähnte Schlacht bei Monte Peluso mit der Nachricht des Cedren. in Zusammenhang zu bringen, ist nicht thunlich, vielmehr werden wir weiter unten (cfr. pag. 19) sehen, dass diese Angabe der Annal. Bar. dort ganz am falschen Orte steht, wie wir dies aus dem dort gleichfalls angeführten Tode des Patiano zu erweisen im Stande sind, cfr. Anhang II, p. 30 sqq., sowie Hirsch, l. c. 4 sq. u. 25 sq. — Die ebenfalls bei den Ann. Barens. 1011 angeführte Schlacht bei Betete (Bitetto) fand, wie der Zusammenhang ergiebt, statt zwischen dem Curcas und Melus. —

Der Verlauf der Ereignisse ist demnach folgender:

1009 Beginn des Aufstandes des Melus; zuerst steht Curcas den Aufständischen gegenüber; nach seinem Tode 1010 kommt noch im März desselben Jahres Basilius Mesardonites und beendet den Aufstand durch die Eroberung von Bari im Jahre 1012. — Die Eroberung von Bari setze ich 1012 (cfr. Hirsch, l. c. 26) der Angabe der Annal. Bar. folgend. Wir haben sonst nirgend eine Jahresangabe hierfür, haben auch keinen Grund diese Nachricht hier für falsch zu halten, und schreibe ich statt 1013 nur deshalb 1012, weil, wie wir oben Anm. 25 gesagt haben, das Jahr von den Ann. Bar. schon mit dem 25. März nach calculum Pisanum angefangen wird. — Wenn Wilmans (Archiv X, 111 sq.) darauf Gewicht legt, dass die Ann. Bar. 1013 bei der Belagerung von Bari den Melus nicht nennen, und daraus schliessen will, dass diese Belagerung nicht dieselbe sei mit der, durch welche der erste Aufstand des Melus beendet wurde, cfr. Leo Ost. II, 37, so geschieht dies mit Unrecht. Mit ganz demselben Rechte würde man darnach ja behaupten können, die 1021 bei den Ann. Bar. erwähnte Schlacht bei Cannae sei nicht gegen den Melus geschlagen, da derselbe dort gleichfalls nicht genannt ist, sondern nur die Franci. Mir scheint diese Behauptung Wilmans, so wie dessen ganze Abhandlung im Archiv X, 111—116 zu sehr beeinflusst zu sein durch eine vorgefasste Meinung für den Guil. Apul. und die Annal. Bar., in Folge deren nicht nur übersehen wird, wie andere Quellen in dieser ganzen Zeit ausführlicher und chronologisch richtig berichten (cfr. unten über Lupus, pag. 26), sondern auch noch der Umstand nur obenhin behandelt wird, dass Guil. Apul. selber seinen Bericht offenbar aus Lupus entlehnt hat. Ausser den Ann. Bar. führt uer Leo Ost. II, 37 die Belagerung von Bari noch an, jedoch ohne dafür ein bestimmtes Jahr anzugeben. — Eine Hindeutung auf das, womit Basilius Mesardonites im Jahre 1011 beschäftigt gewesen, und was ihn also gehindert hat, schon früher Bari anzugreifen, bietet uns vielleicht die Notiz des Anon. Bar. 1011: Mesardoniti laboravit Castello Domnico, und der Umstand, dass Basilius Mesardonites im October 1011 zu Salerno eine Urkunde ausgestellt hat. Die Notiz des Anon. Bar. scheint darauf hinzuweisen, dass Basilius Mesardonites im Jahre 1011 noch ausserhalb der Stadt Bari den Aufstand zu bekämpfen hatte, ehe er sich an die Unterdrückung des eigentlichen Herdes desselben machen konnte; der Umstand aber, dass Basilius Mesardonites October 1011 in Salerno gewesen, erklärt sich wohl dadurch, dass Basilius es sich in diesem Jahre auch angelegen hat sein lassen, sich der Treue der langobardischen Fürsten auf's Neue zu versichern. Diese Erklärung scheint bestätigt zu werden durch den meiner Ansicht nach corrumpirten Satz im Anfang jener Urkunde (cfr. ap. Trinchera, l. c., p. 14): „cum esset me in terram principibus atque in civitate salerno applicatum", durch welchen vielleicht ungefähr dasselbe hat gesagt werden sollen. —

Dann ist hier noch die Frage zu beantworten, wer ist der 1011 bei den Ann. Bar. erwähnte Ismael? Wilmans (Archiv X, 112) hält ihn, und zwar mit Recht, für identisch mit dem Melus. Da ich nun im Vorhergehenden angedeutet habe, dass die Angabe bei den Ann. Bar. 1011 von der Schlacht bei Monte Peluso und dem Tode des Patiano dort in einem falschen Zusammenhange stehe, so könnte es darnach fast scheinen, als verliere das Beweismittel, welches Wilmans l. c. daraus ge-

3

nommen hat, seine Kraft. Dies ist jedoch durchaus nicht der Fall, die Sache formulirt sich nur etwas anders. Der Verfasser oder der Abschreiber der Ann. Bar. wusste jedenfalls, dass Leo Patianus in einer Schlacht gegen den Melus gefallen war, welches letztere Lup. 1017 u. Guil. Apul. I, 66—76 ausdrücklich bestätigen), ebenso aber, dass Melus auch den Namen Ismael führte, und dass der hier genannte Ismael identisch sei mit dem kurz vorher bei den Ann. Bar. 1011 genannten Melus. Dies wurde dann die Veranlassung die Schlacht bei Monte Pelaso und den Tod des Patiano hier an einer falschen Stelle anzuführen, und so entnehme ich gerade aus der falschen Stellung dieser Angaben den Beweis für die Identität des Ismael und Melus. -- Zu beachten ist hier auch, was die Annal. Bened. Benev. (ap. Pertz, Mon. Script. III, 173—185) zu 1017 sagen (cod. 3), „Normanni conducti ab Ysmaële pugnaverant cum Graecis", wo doch unter Ysmaël jedenfalls nur Melus verstanden ist. — Und in der That wissen wir noch aus vielen anderen Stellen, dass Melus zugleich Ismael hiess, Wilmans selber führt l. c. Anm. 2 an, schon Leibnitz zu Guil Apol. p. 581 habe erwähnt, dass Melus in der vita S. Heinrici, I, c. 22 Ismael genannt werde. Diese Stelle, welche Wilmans nicht hat finden können, steht, wie sie Leibnitz meint, ohne Zweifel in der Vita S. Heinr. Imp. ed. Jac. Gretseri apud Ludewig, Rerum Germ. Scriptores, tom. I, p. 297 (lib. I, c. 22). Jetzt findet sich diese Vita S. Heinr. auch noch abgedruckt bei Pertz, Mon. Germ. Script. IV, 787—814. ed. Waitz, wo die fragliche Stelle p. 805 steht; cfr. daselbst auch die Anm. 21, in welcher auf das diploma Heinrici III verwiesen wird, wo Ismahel dux Apuliae „qui et Melo vocabatur" genannt, und zugleich gesagt wird, dass er in Bamberg begraben liege [cfr. Guil. Apul. I, 110—116, ap. Pertz, Mon. Script. IX, 239—298, — und Amat. I, 23, Leo Ost. II, 39, sowie die vita S. Heinr., I, c. 22]: dieses diploma Heinr. III befindet sich ap. Eccardum, Corpus Historicorum Medii Aevi, II, p. 94, in cod. Udalrici n. 101. — Ferner wird Melus noch als Ismael erwähnt (cfr. Hirsch l. c. 26 sq., und Giesebrecht, Kaiserzeit II, p. 611 sq.) in den notae Sepulcrales Dahenbergenses, ed Jaffé, Mon. Ser. XVII, p. 640, wo ausserdem in der Anm. 82 eine Stelle den bisherigen hinzugefügt wird, nämlich Annal. Bamberg. I, 17 (ap. Ludewig, Script. rer. Germ., I, p. 51, und möchte ich hier nur noch auf eine zweite Stelle aus denselben Annal. Bamberg., nämlich auf lib. I, c. 78 (ap. Ludewig), p. 50), verweisen. Dass an allen diesen angeführten Stellen ein und dieselbe Person gemeint ist, steht auch ohne weiteren Beweis fest. —

Der oben genannte Basilius Mesardonites starb nach dem Zeugniss des Lupus im Jahre 1017, wofür wohl besser 1016 zu setzen ist, da Lupus hier offenbar das calculum Graecum anwendet (d. h. das Jahr mit dem September anfängt), indem er den November vor den Mai setzt, was nur dadurch zu erklären ist. 1017 folgt nach Lup. und Anon. Bar. als Statthalter der Andronicus, und zwar kommt dieser, wie Lupus berichtet, im Mai 1017 nach Italien, bleibt aber nur wenige Monate in seiner Stellung. —

1017. Andronicus.

Während seiner Statthalterschaft in Italien machten die Normannen ihren ersten Einfall in Apulien, wie wir dies nicht allein aus Lupus 1017 ersehen, sondern auch bestätigt finden durch Guil. Apul. I, 57 sqq. (cfr. ebendaselbst Anm. 19 zu I, v. 57 — Mon. Script. IX, p. 242 —, wo gesagt, dass Turnicius, Turnichi, Androniki corrumpirt ist aus Andronicus), so wie wir denn auch aus denselben Quellen ersehen, dass er als Unterfeldherrn den Leo Patianus bei sich hatte. Leo Patianus kämpfte zuerst mit den Normannen in einer Schlacht, in der die letzteren das Feld behaupteten; — Guil. Apul. I, 73 freilich giebt an, dass dieselbe unentschieden geblieben sei, während Lupus 1017 über den Ausgang derselben nichts sagt, dagegen Leo Ost. II, 37 und Amat. I, 21 sprechen ihnen den Sieg zu, und müssen auch wir dies wohl annehmen, da sie nach dieser Schlacht wenigstens weiter in Apulien vordringen und nachher erst die vereinten Heere des Leo Patianus und Andronicus nöthig sind, um sie aufzuhalten. — In der zweiten zwischen den Normannen und Griechen stattfindenden Schlacht besiegte nämlich Andronicus die Normannen, hatte aber den Verlust seines Unterfeldherrn Leo Patianus zu beklagen, der in dieser Schlacht seinen Tod fand. Dass Andronicus in dieser Schlacht den Sieg davon getragen, berichtet Lup. zu 1017 ganz ausdrücklich, und auch die Angabe des Anon. Dar. zu 1017 besagt dasselbe, dagegen spricht Guil. Apul. I, 74—76 hier von einer Niederlage des Andronicus. Dies letztere muss um so mehr auffallen, da Guil. Apul. seine Nachricht offenbar aus Lup. entlehnt hat. Doch wenn wir die ganze Art der Darstellung des Guil. Apul., wie sie sich besonders im Anfange zeigt, bedenken, und ebenso, dass er diese Geschichte der Normannen schrieb für einen Fürsten derselben, so wird uns dies nicht weiter Wunder nehmen, jedenfalls wird seine Angabe dem Lup. und Anon. Bar. gegenüber keinen Glauben verdienen. Amat. I, c. 21 sq. lässt die Normannen freilich zuerst in „fünf" Schlachten siegen, aber er weiss weder die Orte der Schlachten, noch die Namen der Feldherrn anzugeben; seine Darstellung spricht sich in diesem Theile selbst ihr Urtheil (cfr. oben Anm. 9 p. 7). Dem Bericht des Amat. gefolgt ist der Leo Ost. II, 37: er zwar spricht nur von „drei" Siegen der Normannen, giebt auch die Schlachtorte an, aber weiter weiss er gleichfalls nichts. Welchen Werth seine Angabe der Schlachtorte hat, habe ich oben Anm. 9 p. 5 sqq schon näher besprochen; im Uebrigen ist seine Angabe mit der des Amat., als ihrer Quelle, ja schon gerichtet. — Einen Ort für diese Schlacht giebt weder Lup. noch Anon. Bar. noch Guil. Apul. an; dagegen finden wir bei den Ann. Bar. 1011 die Nachricht von einer Schlacht bei Monte Peluso, in der Leo Patianus gefallen sei. Dass die Nachricht vom Tode des Patianus hier bei einem ganz falschen Jahre steht, werde ich Anhang II, p. 30 sqq. näher beweisen (cfr. Hirsch, l. c. 4 u. 25 sq.), und dann ist es klar, dass auch die Angabe von der Schlacht bei Monte Peluso nicht hierher gehört. Denn dass beides zusammengehört, ersieht man schon aus der ganzen Fassung der Angaben zu 1011 bei den Ann. Bar.; zuerst wird nämlich vom Aufstande des Melus und der Provinz Langobardia gegen den Curcua gesprochen, und von einer Schlacht, in die viele Barenser fielen, und dann heisst es weiter: Et „Ismael" fecit bellum in Monte Peluso cum ipsis Graecis, et cecidit illic Pusiano. Die verschiedene Benennung des Melus würde sich gewiss hier nicht finden, wenn von vornherein diese Nachrichten von dem Autor zu demselben Jahre gestellt wären; dies lässt sich nur durch die Nachlässigkeit eines Abschreibers erklären, der diese ganze Nachricht hier fälschlich hersetzte. Denn was sollte das „illic", das sich jedenfalls auf eine vorhergehende Ortsangabe bezieht, hier sonst bedeuten? Und da ist es nun doch weit eher denkbar, dass ein Abschreiber eine ganze Nachricht an einen falschen Ort setzt, als dass er etwa eine Nachricht von einer anderen Schlacht, auf die illic sonst vielleicht hinweisen könnte, ausgelassen, und die in Rede stehende Notiz dann an einen ganz beliebigen nur äusserlich passenden Ort gestellt haben sollte. Dazu kommt, dass dieser Aufstand des Melus garnicht so weite Dimensionen angenommen hatte, sondern sich eigentlich nur auf die Stadt Bari und ihre nächste Umgebung beschränkte, wie daraus hervorgeht, dass der ganze Aufstand durch die Wiedereroberung von Bari sein Ende fand. Auch mit Rücksicht auf den Ausgangspunkt des Einfalles der Normannen in Apulien, nämlich Benevent und Capua, ist es sehr wahrscheinlich, dass wirklich eine Schlacht bei Monte Peluso zwischen den Normannen und Griechen stattgefunden hat, denn die Angaben des Guil. Apul. und Leo Ost. erweisen sich bei näherer Betrachtung der Quelle, aus der sie geschöpft (— Amatus —), und vor Allem der örtlichen Verhältnisse selbst als ganz unzuverlässig (cfr. oben Anm. 9 p. 5 sqq.). Hiernach entscheide ich mich ohne Bedenken dahin, dass die Schlacht, in der Andronicus siegte und Leo Patianus seinen Tod fand, bei Monte Peluso stattgefunden hat. —

Andronicus blieb, wie schon gesagt, nur kurze Zeit in Italien; einen Grund für seine Abberufung finden wir nirgend angegeben, jedenfalls aber erfolgte sie schon vor dem September 1017, da nach Lupus sein Nachfolger, der Contoleon, noch in demselben Jahre, d. h. noch vor dem September, bis wohin Lupus hier (cfr. oben) das Jahr rechnet, nach Italien kam. —

1017. Contoleon,

(mit seinem vollen Namen Tornicius Contoleon, wie wir ersehen aus der Urkunde des Basilius Bojoannes v. Jahre 1019 ap. Trinchera, Syll. graec. membr. Nr. XVIII); Contoleon war gleichfalls nur kurze Zeit in seiner Stellung. Diesen Contoleon halte ich für denselben mit dem, der 1010 schon einmal, — damals zusammen mit Basilius Argyros (Mesardonites), cfr. Cedren, II, 457, — nach Italien kam; vielleicht war er auch jetzt noch Statthalter von Cephallonia, so dass sich der rasche Wechsel der griechischen Statthalter in diesem Jahre (auch Basilius Bojoannes kam schon im December 1017), dadurch erklärt, dass Contoleon, der Statthalter der Italien nächsten griechischen Provinz, hier nur als Aushülfe so lange eintrat, bis der in Constantinopel designirte neue Statthalter seine Zurüstungen getroffen hatte, und von dort herabkam. Unter Contoleon fand bei Vaccaricia die dritte Schlacht zwischen den Normannen und Griechen statt. In der oben citirten Urkunde, in welcher diese Schlacht gleichfalls erwähnt wird, heisst es, dass sie bei ecclesia St. Augustae geliefert sei; da ecclesia St. Augustae nach jener Urkunde aber auf der Grenze des Troja und Vaccaricia gemeinsamen Weidelandes lag, so schliessen sich diese beiden Angaben eben durchaus nicht aus. Die Quellen geben Vaccaricia, den den Schlachtfelde nächsten grösseren Ort an (— Troja wurde erst Ende 1018 oder Anfang 1019 gegründet —), dagegen die Urkunde vielleicht unmittelbar das Schlachtfeld selbst. Einen Sieg der Normannen in dieser Schlacht müssen wir, selbst abgesehen von der Angabe des Leo Ost. II, 37, auch aus dem siegreichen Vordringen der Normannen in Apulien nach dieser Schlacht erschliessen, und mochte, wenn nicht, wie ich angenommen, die Statthalterschaft des Contoleon von vorneherein nur eine provisorische war, diese Niederlage des Contoleon der Anlass seiner schnellen Abberufung sein. — Noch in demselben Jahre 1017, im December, kam der neue Statthalter Basilius Bojoannes nach Italien. —

1017—1029. Basilius Bojoannes[*]).

Derselbe kommt nach dem Zeugniss des Anon. Bar. und Lup. 1018 nach Italien, und zwar nach Lup. im December; da wir aber (cfr. oben) sahen, dass Lup. für das Jahr 1017 das calculum Graec. angewendet hatte, so müssen wir dies auch für die Jahre festhalten, aber welche er in ununterbrochener Reihenfolge (1017, 1018, 1019, 1020, 1021) hierauf berichtet hat, besonders wenn er

---

[*]) Ich gebrauche hier gleich den von Cedren. angegebenen Namen Bojoannes, welchen ich selbst gegenüber den Angaben der Urkunden für den richtigen halte, einmal weil von keiner der Urkunden aus der Zeit des Basilius Bojoannes uns das Original erhalten ist, und dann weil in den Urkunden selbst der Name des Basilius Bojoannes verschieden angegeben wird, — bojano, bugyano, bujano — cfr. ap. Trinchera, l. c. Nr. XVII—XX. Eine uns im Original erhaltene Urkunde vom Jahre 1082 (l. c. Nr. XXV) nennt ihn Basilius Boio, da dieselbe aber mehrere Jahre nach der Statthalterschaft desselben abgefasst ist, und auch nur eine Abmachung unter Privatpersonen betrifft, so kann ihre Angabe gegenüber der des Cedren. gleichfalls nicht ins Gewicht fallen. Die Quellen nennen den Basilius Bojoannes: Bugianus, Bujano, Anno, und sind dies alles offenbar nur Corrumpirungen des eigentlichen Namens Bojoannes. —

In diesen etwas überliefert, was sich im Sept.—Dec. zugetragen hat (also in den Monaten, in denen das calcul. Graec. von unserer Zeitrechnung abweicht), wie dies für 1018 und 1019 der Fall ist. Mit Rücksicht hierauf setze ich die Ankunft des Basilius Bojoannes in den December 1017, dagegen gehört die bei Lup. 1018 nachher erwähnte Schlacht bei Trauum, wie leicht zu erkennen, wirklich zum Jahre 1018. Hier sei gleich bemerkt, dass ich mit Rücksicht auf das calculum Graecum auch die Schlacht bei Cannae Octob. 1018 setze, welche nach Lupus 1019 in mense Octob. stattfand. Anon. Bar. führt sie ebenfalls zu 1019 an, wendet aber unbedingt gleichfalls das calculum Graecum an, welches sicher auch von den alten Barenser Annalen, aus denen beide geschöpft haben, gebraucht ist; dasselbe gilt beim Anon. Bar. für das Jahr 1018 in Betreff der Ankunft des Basilius Bojoannes (über die Ann. Bar., welche die Schlacht bei Canuae 1021 setzen, cfr. Anhang II, p. 36). Der Bericht des Guil. Apul. I, 84 sqq. steht der Annahme, dass die Schlachten bei Trauum und Cannae 1018 stattgefunden haben, durchaus nicht entgegen, vielmehr wird es durch ihn bestätigt, da es dort heisst „nach der Besiegung des Andronicus wurde Basilius multa cum gente Graecorum geschickt, und „anno sequenti" arma movet in hunc (Melum)"; er sagt also auch, dass Basilius erst in dem auf seine Ankunft in Italien „folgenden Jahre" den Kampf begonnen habe, und zwar giebt er an, dass Basilius Bojoannes an den Kal. Octob. den Melus und die Normannen bei Cannae besiegt habe. —

Diesen Basilius Bojoannes (Bugianus) für identisch zu halten, wie Wilmans thut (Archiv X, 113 sq.), mit dem Basilius Mesardonites (Marsedonici nach Lup. u. Anon. Bar., Sardonti nach den Ann. Bar., Argyros nach Cedren.) geht schon aus dem einfachen Grunde nicht, weil Lup., wie wir oben gesehen haben, zu 1017 ausdrücklich sagt: obiit in Dutrmtio Marsedonici cotepanus, mit welchem Beinamen sowohl Lup. als auch Anon. Bar. zu 1010 den Basilius Mesardonites bezeichnen, so dass also von verschiedenen Personen hier nicht die Rede sein kann; ausserdem wird gleich darauf auch die Ankunft eines neuen Statthalters berichtet, so dass die Angabe des Lup. 1017 um so mehr glaubwürdig ist. Den hier ausdrücklich erwähnten Tod des Basilius Mesardonites scheint Wilmans l. c. ganz und gar übersehen zu haben, sonst würde er doch wenigstens einige Worte darüber gesagt haben, da diese Angabe schon auf den ersten Blick mindestens die Vermuthung hervorruft, dass der gleich darauf 1018 bei derselben Quelle erwähnte Basilius Bojoannes (Bugianus) nicht derselbe sein kann mit dem, dessen Tod eben angeführt, und dass also jene von Wilmans gewollte Identificirung unmöglich ist. Dann hätte doch auch die so eclatante Verschiedenheit der Deinamen, wie sie sich bei allen Quellen fast gleichlautend findet, nicht so ganz unbeachtet gelassen werden dürfen. Die Ann. Bar. sprechen zu 1013 von einem Basilius mit dem Beinamen Sardonti, während sie 1021 den Basilius „Vulcanus" benennen, jedenfalls eher eine Verstümmelung aus Bugianus (Bojoannes) als aus Sardonti, welches Letztere garnicht denkbar; (cod. 1 der Ann. Bar. hat „unlano"). Dass wir es bei den Ann. Bar. überhaupt mit einer nachlässigen Handschrift zu thun haben, geht auch daraus hervor, dass die Ann. Bar. zu 1041 selber ganz dieselbe Person „Bugiano" nennen, [die Identität des „Bugiano" und Basilius Vulcanus oder Bugianus (Bojoannes) wird etwas weiter unten nachgewiesen], und dessen Sohn wieder „Bugiano", zum Jahre 1042. Dann verweise ich auf den Anfang des Berichtes bei den Ann. Bar. zu 1021, wo das „hic" doch unzweifelhaft darauf hindeutet, dass wir es hier mit einem mangelhaften Auszuge aus einer ausführlicheren Quelle zu thun haben. Das „hic" soll jedenfalls auf einen schon „erwähnten" hinweisen, und bisher haben die Ann. Bar. noch von keinem „Basilius Vulcanus" gesprochen. — Dass der griechische Feldherr aber, welcher nach Lup. und Anon. Bar. 1019 und nach den Ann. Bar. 1021 siegte, und zwar bei Cannae, wirklich den Beinamen Bugianus (Bojoannes) führte, beweisst ausser den genannten Quellen und dem Guil. Apul. I, 84—94 auch Leo Ost. II, 37, wo der Sieger bei Cannae „Bojano" heisst, was doch leicht als identisch mit Bojoannes (Bugianus) zu erkennen ist. Unter demselben Namen Bojano führt ihn Leo Ost. II, 38 auch bei der Eroberung des Thurmes am Garigliano, II, 51 als Wiedererbauer von Troja, und II, 56 bei den Kämpfen des aus der Gefangenschaft in Deutschland zurückgekehrten Pandulf von Capua an. — Romuald Salernit. Chronic. (ap. Murat, Script. rer. Ital. VII, 1—247) 1012 nennt den griechischen Feldherrn „Bugano", und wenn wir in ihm auch schon so aus dem Namen denselben erkennen mit dem Basilius Bojoannes (Bugianus, Bojano), so wird dies uns noch weiter dadurch bestätigt, dass Romuald Sal. zum Jahre 1013 von ihm sagt, er habe Troja wiederaufgebaut, was auch Leo Ost. II, 51 von dem Bojano sagte; (aber die Verschiedenheit der Jahre bei Rom. Sal., der ihn schon zu 1012 und 1013 anführt, cfr. Anhang II, p. 34 sq.). Es würde auch schon genügt haben, auf den ganzen Zusammenhang, in dem der Basilius Bojoannes (Bugianus, Bojano, Bugano) bei den verschiedenen Quellen erscheint, hinzuweisen, um zu erkennen, dass hier nur dieselbe Person gemeint sein kann. Ferner habe ich auch nirgends selbst nur die geringste Andeutung dafür finden können, dass etwa der Basilius Bojoannes zwei verschiedene Beinamen geführt habe, was man für den Fall der Identität des Basilius Mesardonites und des Basilius Bojoannes doch annehmen müsste. Vielmehr sind mir noch weitere Beweise dafür, dass der Basilius Mesardonites und Basilius Bojoannes ganz verschiedene Personen sind, aus der Vergleichung des Cedren. mit den schon angeführten Quellen erwachsen. Dort findet sich nämlich lib. II, p. 546 (ed. J. Bekker, Bonn 1839) ein Bojoannes erwähnt, der (εἰς ἐκείνων ἀναφέροντα τὴν τῶν γένεσις ἀναφοράν τὴν ἐπὶ Βασιλείου τοῦ βασιλέως ἐν Ἰταλίᾳ περιφθέντα Ἰκανοάννην, ἧς πᾶσαν τὴν Ἰταλίαν μέχρι Ῥώμης τότε τῷ βασιλεῖ παραστήσαιτο) sein Geschlecht ableitete von jenem Bojoannes, der unter dem Kaiser Basilius in Italien die griechische Herrschaft bis Rom hin ausdehnte. Wenn nun schon die Uebereinstimmung der Namen bei Leo Ost. l. c. und Cedren. — Bojano: Bojoannes — die Vermuthung nahe legte, dass diese Personen in einem gewissen Zusammenhange ständen, wohl gar der Bojano und der ältere Bojoannes identisch wären, so fand sich dies bei näherer Vergleichung noch durch vieles andere bestätigt. Cedren. l. c. berichtet nämlich, dass, nachdem der Michael Doceanus von den Normannen besiegt sei, der griechische Kaiser an seine Stelle eben jenen jüngeren Bojoannes, (cfr. oben die Stelle bei Cedren.), nach Italien geschickt habe, der aber gleich in der ersten Schlacht besiegt und gefangen genommen worden sei. Vergleichen wir hiermit die anderen Quellen: Leo Ost. II, 66 berichtet ebenfalls, dass der griechische Kaiser nach Besiegung des Duclianus an dessen Stelle einen neuen Feldherrn geschickt habe, den Exaugustus, der in der für die Normannen siegreichen Schlacht gefangen genommen sei. Doch wer ist dieser Exaugustus? Wie können wir den mit dem jüngeren Bojoannes des Cedren. zusammenbringen? Hier kommt uns der Amatus zu Hülfe. Dort finden wir lib. II, 14—23 den Bericht über Michael Doceanus, (der c. 15 u. 16 Duchane, c. 20 u. 21 Dyoclicieu, c. 22 Duclanie, c. 23 Dyoclicieu heisst), dann heisst es c. 23 weiter, dass der Kaiser wegen der Niederlage des Doceanus erzürnt diesen abberief und einen anderen hinschickte; et lor dona à cesti exauguste ou „vicaire de auguste" moult de argent etc.; c. 25 wird dann gesagt, dass dieser exauguste (exaguste) von den Normannen besiegt und gefangen genommen sei, wie bei Cedren. und Leo Ost. II, 66. Aus der Angabe c. 23 erfahren wir nämlich, dass Exaugustus kein Name, sondern ein Titel sei, etwa gleich „Alterego", denn Amat. sagt, exauguste sei so viel als: vicaire de auguste, also: Stellvertreter des Kaisers. Hiermit ist die Schwierigkeit gehoben, und die Verschiedenheit bei Cedren. und bei Leo Ost. und Amat. erklärt sich dahin, dass ersterer den Namen nennt, während die beiden letzteren nur seinen Titel anführen. Doch können wir nicht weiter noch Beweise finden, dass dieser Exaugustus wirklich gleich ist mit dem jüngeren Bojoannes bei Cedren., und von einem älteren Bojoannes abstammt, der in Italien für die Griechen Siege erfocht? Zu dem Ende vergleichen wir die anderen Quellen, zunächst den Guil. Apul. I, 188—400, wo wir das oben Angeführte im Allgemeinen alles bestätigt finden, und wo es dann v. 350 sqq. heisst, Exaugustus wurde genandt: dicitur bone victor gennisse „Basillus" ille, qui dare sub Melo Gallos dare terga coëgit (v. 352 u. 353). Mit diesem Basilius kann kein anderer gemeint sein, als der von Guil. Apul. I, 84 sqq. erwähnte Basilius Bugianus, der den Melus bei Cannae besiegte, schon allein deshalb, weil er durch das „ille" als bekannt, d. h. im Berichte des Guil. Apul. selber schon erwähnt, vorausgesetzt wird. Dieser ist bei Guil. Apul. aber von keinem anderen Basilius die Rede gewesen, denn die Anführungen v. 190 sq., 205 und 247 sq. weisen alle unzweifelhaft nur auf den zuvor erwähnten zurück, wie es v. 248 („quem supra memini") ausdrücklich gesagt wird. Nun ist die Sache einfach und klar: erstens kann darüber garkein Zweifel sein, dass der bei Leo Ost., Guil. Apul. und Amatus erwähnte Exaugustus wirklich derselbe ist, dies bedingt abgesehen von der gleichen Bezeichnung der ganze Zusammenhang bei allen dreien; zweitens wissen wir aus Guil. Apul., dass der Exaugustus der Sohn des Basilius Bugianus ist, welcher bei Cannae 1018 den Melus besiegte, und wahrscheinlich also auch Basilius Bugianus hiess, oder nach der Schreibweise des Leo Ost. II, 37 etc. Bojano, wie Leo Ost. ja den älteren Basilius Bugianus nennt. In Bojano haben wir offenbar den bei Cedren. gebrauchten Namen Bojoannes, und werden wir jetzt unbedingt den jüngeren Bojoannes gleich setzen mit dem Exaugustus. Können wir aber auch den Bojoannes, von dem nach Cedren. dieser jüngere Bojoannes abstammte, gleich setzen mit dem Basilius Bugianus, dessen Sohn der Exaugustus nach Guil. Apul. ist? Der Name wird nun nach dem Obigen keine Schwierigkeiten mehr machen, jetzt handelt es sich nur noch darum: wie stimmt das, was Cedren. über denselben sagt, mit den sonstigen Nachrichten über den Basilius Bugianus? Nach Guil. Apul. wissen wir nur, dass er die Normannen und den Melus besiegte, und (v. 217 sqq.) „Melfi durch Bauten verschönerte"; — es musste doch also der griechische Besitz in Italien vor den Normannen augenblicklich wenigstens ganz gesichert sein. Mehr sagt Leo Ost. über ihn; dort finden wir ihn nicht allein als Besieger der Normannen, sondern es wird (II, 51) noch weiter von ihm gesagt, er habe die Feste Troja und die Städte Draconaria, Ferentianus und Civitas wiederhergestellt. Alle diese Städte lagen aber, wie sich aus den Quellen ergibt, in Gebieten, die den Griechen vor Ausbruch dieses Krieges mit Melus und den Normannen nicht unterworfen gewesen, vielmehr zu Benevent gehört hatten, woraus hervorgeht, dass er das griechische Gebiet in Italien wieder erweitert hatte. Da ferner in Folge des Sieges des Bugianus sich sogar Pandulf von Capua mit seinem Lande unter griechische Oberhoheit begab, so wurde auch hierdurch noch das bisherige griechische Machtgebiet in Italien wirklich bedeutend vergrössert, und endlich durch die Eroberung des dem Dattus vom Papst angewiesenen Thurmes am Garigliano, d. h. also durch einen directen Angriff auf päpstliches Gebiet, näherte er sich Rom in der That in sehr bedenklicher Weise (cfr. Leo Ost. II, 38). Amat. I, 25 sagt zwar, dass Pandulf von Capua diesen Thurm erobert habe, aber da er es gewiss im Einverständniss mit den Griechen that, wie sich jedenfalls daraus ergiebt, dass er ihnen den Dattus nachher auslieferte, so ändert dies, selbst die Richtigkeit der Angabe des Amat. zugestanden, — was bei der Fassung dieser Stelle bei Amat. jedoch nicht möglich ist, cfr. oben Anm. 15 p. 10, — an der Sache garnichts. — Romuald Sal. 1013 sagt von dem Bugano fast dasselbe, wie Leo Ost. II, 51, nämlich dass er Troja und viele andere Städte wiederaufgebaut habe, „in finibus Samnii et Apuliae". Aus allem diesen ersehen wir wenigstens dies, dass Basilius Bugianus die griechischen Waffen in Italien wieder zum Siege geführt hat, das griechische Gebiet vergrösserte und die griechische Herrschaft weiter, als vor seiner Ankunft der Fall gewesen, daselbst Geltung verschaffte. Vergleichen wir dies mit Cedrenus, so wird bei diesem zwar gesagt, der Bojoannes habe damals ganz Italien bis Rom hin unterworfen, aber wir werden dies auch nicht so wörtlich nehmen dürfen, sondern darunter nichts weiter zu verstehen haben, als ein siegreiches Auftreten der

Griechen unter des Bojoannes' Führung in Italien, und ein Vorschieben des griechischen Machtgebietes bis in eine Rom gefährliche Nähe, — eine Auffassung, zu der uns allein schon die ganze Art des Berichtes bei Cedrenus veranlasst. — Nehmen wir hierzu noch, dass der jüngere Bojoannes, wie wir vorher erwiesen, ein Sohn des Basilius Bugianus ist, von dem Gall. Apul., Leo Ost., Romuald Sal. das siegreiche Auftreten in Italien berichten, so werden wir keinen Anstand mehr nehmen, den älteren Bojoannes, von dem nach Cedren. dieser jüngere abstammte, und über den die Berichte der genannten Quellen, wie wir eben gesehen haben, sich gleichfalls durchaus nicht widersprechen, schliesslich gleich zu setzen mit dem älteren Basilius Bugianus, dem Sieger von Cannae im Jahre 1018 [1]). — Den von Cedren. II, p. 546 genannten älteren Bojoannes gleich zu setzen mit dem von ihm II, 457 genannten Basilius Argyros, wie es aus den Zusammenstellungen Wilmans zu Guil. Apul. lib. I, note 22 n. 47, (Mon. Script. IX) folgen würde, hindert, abgesehen von der völligen Verschiedenheit der Namen, der ebenso verschiedene Bericht über beide bei Cedrenus. Von dem Basilius Argyros wird gesagt, er sei vom Melus „besiegt", während der ältere Bojoannes gerade dadurch näher gekennzeichnet wird, dass er als siegreicher griechischer Feldherr in Italien genannt wird. — Der bei Gaufred. Malaterra (ap. Muratori. Script. rer. Ital. V, 537—601) I, c. 10 erwähnte Anno kann nach dem ganzen Zusammenhange daselbst gleichfalls kein anderer sein, als der jüngere Bojoannes (Exangustus). Zwar weicht der Bericht des Gaufred. in manchen Stücken von den anderen Quellen ab, und ist auch nicht so vollständig als diese, aber dies erklärt sich ganz einfach dahin: Gaufred. will speciell eine Geschichte der Söhne Tancred's von Haute-ville geben, er will aber Robert Guiscard und besonders aber Roger von Sicilien schreiben, daher berichtet er dann sogar von dem, was die älteren Söhne Tancred's vor der Ankunft des Robert Guiscard in Italien ausführten, nur das Nothwendigste, und hebt vorzüglich hier das hervor, aus welchem wir ersehen können, wie sie sich ein selbstständiges Besitzthum erwarben. Dann geht er gleich auf Robert und Roger über und berührt die anderen nur noch nebenher. Ausserdem lagen ihm, dem Normannen, der auf Sicilien schrieb, und zwar zu einer Zeit, wo schon seit Jahrzehnten die Griechen gänzlich von italischem Boden verdrängt waren, und der selbst erst seit Kurzem in Italien war, so dass er bei seiner Ankunft in Italien die griechische Herrschaft wohl schon garnicht mehr vorgefunden hatte, die unteritalischen Verhältnisse für seinen Zweck „sicilische Geschichte" zu schreiben viel zu fern, als dass wir annehmen könnten, er habe sich eingehend damit beschäftigt, und als müssten wir seinem Berichte grosse Bedeutung beilegen. Dies ist durchaus nicht der Fall, wenigstens nicht für diese frühere Zeit, und alles, was seinem Gesichtskreise ferner lag [2]). So z. B. berichtet er denn auch allein, — während alle anderen Quellen sagen, dass Exangustus (Bojoannes) in der für ihn unglücklichen Schlacht „vivus" gefangen genommen sei, — dass der Anno „getödtet"

---

[1]) cfr. Giesebrecht, W., Kaiserzeit II, 424, wo der Nachfolger des Ducennus ebenfalls Bugianus genannt wird, „ein Sohn jenes Basilius Bugianus, der im Jahre 1018 die Normannen aus Apulien zurückgeschlagen hatte. Mit den höchsten Vollmachten als Vicar des Kaisers kam Bugianus über das Meer." -

[2]) Gaufr. Mal. schrieb etwa um 1100 n. Chr., hortatu comitis Rogerii v. Sicilien. Wie sein Bericht über die Dinge, welche vor seiner Zeit in Italien sich ereigneten, aufzufassen, deutet er uns selber an, cfr. Mur. V, p. 547 die einleitende epistola an den Bischof von Catana, wo er sagt: si verlatim, minus ordinate, secundum tempora, quibus facta sunt, quae adnotantur, vel certe aliqua oblivione praetergressa repereritis, non haec tam mihi, quam „relatoribus" culpando adscribatur: praesertim cum de ipsis temporibus, quibus fiebant, „praesentialiter non interfuissem, sed a transmontanis partibus venientem, uoviter Apulum factum, vel certe Siculum sei plenum cognoscatis"; — cfr. auch die Einleitung des Muratori zu Gaufr. Mal., tom. V, p. 539 sq. —

sei in dieser Schlacht, cfr. lib. I, c. 10, wo es heisst: die Griechen wurden in die Flucht geschlagen „duce Anso, duce exercitus, qui caudatus erat, quasi bove **) interfecto" (cfr. dazu Anm. 10 des Murat. V, p. 552: duce Annone, qol). — Betrachten wir schliesslich noch die drei Baremer Annalen, zunächst den Lupus. Wir finden hier ebenfalls, dass nach Besiegung des Dulchianus an seine Stelle der Exaugustus 1042 nach Italien geschickt, aber gleich in der ersten Schlacht gefangen genommen wurde. Ueber den Exaugustus können wir nach Obigem nicht mehr in Zweifel sein, und sei hier nur noch bemerkt, dass der coL 6 ihn sogar auch filius Bugiano nennt. Ganz ebenso fast berichtet Anon. Bar. 1041 u. 1042 über den Michael Dukiano und den Exaugusto, der auch hier filius Bugiano heisst, durch welche Angabe unsere obige Behauptung nur bestätigt wird. Zuletzt bleiben noch die Ann. Bar. kurz zu besprechen, welche zu 1041 gleichfalls die Besiegung des Michael Dulkiano berichten, und dann fortfahren: tunc descendit catepanus filius Dudiano in Apuliam. Zu 1042 erwähnen dieselben darauf die Besiegung und Gefangennahme des neuen griechischen Feldherrn, den sie hier Bugiano nennen. Hierdurch finden wir bestätigt, was wir schon oben annahmen, dass nämlich der Exaugustus, wie sein Vater, Bugianus (Bojoannes) hiess. Den Vater nennen hier die Annal. Bar. „Dudiano", und da dies nach obigen Ausführungen kein anderer sein kann als der ältere Basilius Bojoannes, den die Annal. Bar. 1021 Basilius „Vulcanus" nennen, so bewahrheitet sich uns, was wir schon früher andeuteten, dass die Ann. Bar. nur in sehr „nachlässiger" Handschrift auf uns gekommen sind. — Ergaben schon die Quellen, welche Wilmans allein seinen Untersuchungen zu Grunde gelegt hat, hinreichende Beweismittel zur Widerlegung der von demselben aufgestellten Behauptung der Identität des Basilius Mesardonites und des Basilius Bojoannes, so liefern die von beiden uns erhaltenen Urkunden für unsere Widerlegung noch weitere und besonders deshalb so schlagende Beweisgründe, weil sowohl die Urkunden des Basilius Mesardonites als auch die des Basilius Bojoannes gerade aus Jahren datirt sind, in denen beide auch von den Quellen als Statthalter erwähnt werden. Die vom Basilius Mesardonites aus erhaltenen Urkunden, datirt aus den Jahren 1011, 1015 u. 1016, habe ich schon oben p. 15 bei Besprechung des Basilius Mesardonites näher erwähnt, und führe ich daher hier nur noch die auf den Basilius Bojoannes bezüglichen auf. Es sind dies im Ganzen vier Urkunden (cfr. ap. Trinchera l. c. p. 18—21, Nr. XVII—XX), darunter drei von ihm selber ausgestellt. Die erste dieser drei Urkunden (l. c. Nr. XVII) ist datirt vom Februar 1018, Ind. I, die zweite (l. c. Nr. XVIII) vom Juni d. J, 6527 d. W., Ind. II, d. h. 1019, und die dritte vom Januar d. J. 6532 d. W., Ind. VII, d. h. 1024, und zwar sind diese beiden letzten der erst vom Basilius Bojoannes selbst gegründeten Stadt Troja ausgestellt. Endlich die vierte, auf Befehl des Basilius Bojoannes ausgefertigte, Urkunde ist datirt vom Juni 1021, Ind. IV; — ausserdem nimmt eine im Jahre 1032, also mehrere Jahre nach der Abberufung des Basilius Bojoannes, ausgefertigte Urkunde Bezug auf eine uns nicht mehr erhaltene Urkunde, welche derselbe Ende 1021 ausgestellt haben soll, — alles dies sicherlich Zeugnisse von unwiderleglicher Beweiskraft. —

Der ältere Basilius Bojoannes blieb bis zum Jahre 1029 in Italien, zu welchem Jahre Lupus und Anon. Bar. ausdrücklich seine Rückkehr nach Constantinopel und die Einsetzung eines neuen Statthalters berichten. Dafür, dass er nach der Besiegung der Normannen und des Melus wirklich noch längere Zeit in Italien verweilte, haben wir ausserdem noch andere Nachrichten als Bestätigung.

**) Die Worte Ganfred's: „qui caudatus erat, quasi bove" sollen offenbar eine Erklärung des Namens „Bojane, Bojoannes" geben, und wird somit zugleich angedeutet, warum Ganfred ihn hier nur „Anso" nennt. —

So erwähnt ihn Leo Ost. II, 56 bei den Kämpfen des aus der Gefangenschaft in Deutschland zurückgekehrten Pandulf von Capua, und zwar noch „nach" der Eroberung von Capua durch Pandulf, die
„1026" stattfand. Bei den Ann. Dar. finden wir ihn „1027" erwähnt, wo es heisst: „Regium restau-
rata est a Vulcano catapano". Auch Lup. erwähnt ihn zuvor noch zu 1024, ebenso der Anon. Bar.
zu 1024 und 1025.

Da ich bei obiger Auseinandersetzung besonders an der Chronologie des Lupus (und Anon.
Dar.) festgehalten habe, wie es auch Hirsch, diss., l. c. thut, so will ich als Rechtfertigung dafür hier
noch Einiges anführen. Nicht allein berichtet Lupus, wie wir unzweifelhaft erkennen mussten, über
die eben besprochenen Verhältnisse durchaus chronologisch zuverlässig, sondern auch seine Angaben
über andere Verhältnisse dieser Zeit erweisen sich in gleicher Weise als genau und richtig. So giebt
er die Ankunft Heinrich II in Italien ganz richtig zum Februar 1014 an, und auch seine Nachrichten
zu den beiden folgenden Jahren können wir als durchaus hierher gehörig erkennen. Cedren. II, 457
nämlich fanden wir die Erzählung von dem Aufstande des Melus, und bald darauf p. 458 werden die
Ereignisse der Indictiou 12 d. h. des Jahres 1014 erwähnt, und da unter anderem auch berichtet, dass
der König Samuel gestorben, dem sein Sohn Gabriel, nach Romanus genannt, folgte). Dieser sei im
folgenden Jahre, 1015 also, von dem Joannes Bladisthlabus, dem Sohne des Aaron, getödtet. Vergleichen wir hierzu Lupus, so heisst es dort zu 1015: et Samuel rex obiit, et regnavit filius ejus, und
1016: nerinus est ipse filius praefati Samuelis a suo consobrino, filio Aaronis, et regnavit ipse; [auch
Anon. Bar. 1015 berichtet den Tod des Samuel, dem sein Sohn folgte]. Dass Lupus und Anon. Bar.
um ein Jahr hierbei von Cedreuus abweichen, ist durchaus kein Vorwurf für sie, da wir früher schon
nachgewiesen, dass Cedren. in seinen Jahresangaben bisweilen ungenau ist. Manches andere aus der
früheren und späteren Zeit würde sich hier noch anführen lassen, doch würde uns dies zu weit ab-
führen von unserem eigentlichen Gegenstande, und glaube ich auch, dass das Mitgetheilte für unseren
Zweck schon genügend ist. —

Die Hauptresultate des bisher Besprochenen [30]) sind nun etwa folgende:

1) Der (erste) Aufstand des Melus beginnt 1009, (dass dies wirklich der erste und nicht der war,
bei dem auch die Normannen betheiligt waren, werden wir Anhang II beweisen). —

2) Der 1011 bei den Annales Barenses erwähnte Ismael ist identisch mit dem Melus. —

3) In der 1017 zwischen den Normannen und dem Andronicus gelieferten Schlacht waren nicht
die Normannen siegreich, wie Guil. Apul. I, 74—76 angiebt, sondern der Andronicus, und fand diese
Schlacht statt bei Monte Peluso, wie die Annales Barenses (— wenngleich zu einem falschen Jahre,
1011, cfr. Anhang II, 30 sqq.) — angeben.

4) Der Basilius Mesardonites (Marsedonici, Sardoni, Argyros) und der Basilius Bojoannes (Bugianus, Vulcanus, Bojano) sind völlig verschiedene Personen. —

5) Der bei Cedren. l. c. erwähnte ältere Bojoannes ist identisch mit dem Basilius Bugianus, dem
Sieger von Cannae im Jahre 1018. —

---

[30]) Die Aufführung der griechischen Statthalter in Italien bei Du Cange, glossar. med. et infim.
Latin., II p. 235 unter Catepanus, ist von mir bei meinen Untersuchungen über denselben Gegenstand deshalb nicht mit in Betracht gezogen, weil dieselbe, wenigstens für den von mir besprochenen Zeitabschnitt,
eigentlich jeglichen Werthes entbehrt; so, um nur Eins anzuführen, nennt er zu 1029 nach Lupus den Saffa-
rius κερτής als Statthalter, während Lupus 1029 nur von demselben berichtet, dass er zusammen mit dem
Rayca, dem Führer der Sarazenen, Bari etc. angegriffen habe; dasselbe sagt Lupus zu 1029 von dem
Haffari, — jedenfalls Grund genug, um ihn nicht unter die griechischen Statthalter zu rechnen. —

6) Der bei Gull. Apul., Leo Ost., Aanat., Lupus, Anon. Bar. genannte Exaugustus ist dort nicht mit seinom Namen, sondorn seinom Titel genannt; er heisst vielmehr Basilius Dojoannes, ist gleich mit dem jüngeren Bojoannes bei Cedreu. L. c., und Bugiano bei den Annal. Bar. 1042, und Anno bei Ganfred. Malaterra, l. 1, c. 10, und ist der Sohn des älteren Bojoannes, also des Basilius Bojoannes (Bugianus), der 1018 bei Cannae siegte. —

7) Die Annales Barenses berichten ober diese Zeit höchst lückenhaft [— von 1013 gehen sie gleich auf 1021 über —], und liegen uns nur in sehr nachlässigen Handschriften vor, während Lupus und Anon. Bar. viel ausführlicher und chronologisch richtig berichten. —

8) Cedrenus hat durchaus nicht den ihm von Wilmans l. c. beigelegten Werth für diese Zeit; seine Nachrichten sind für die damaligen Ereignisse in Italien nicht allein unzuverlässig, sondern auch höchst mangelhaft. —

In wiefern diese Untersuchungen von Bedeutung sind für die Darstellung der normannischen Verhältnisse in Unteritalien, werden wir im folgenden Abschnitte, Anhang II, noch weiter zu erkennen Gelegenheit haben. —

Anhang II.

In welches Jahr ist der erste Einfall der Normannen in Apulien d. h. der Beginn des zweiten Aufstandes des Melus zu setzen?

Diese Frage selber genauer zu untersuchen bin ich durch die Abhandlung Wilmans', Archiv X, p. 111 sqq., veranlasst, und zwar weil mir die dort angeführten Gründe für eine Verlegung dieses Ereignisses von dem sonst gewöhnlich festgehaltenen Jahre 1017 auf einen früheren Zeitpunkt, in das Jahr 1010 oder 1011 (Wilmans l. c. p. 115), nicht stichhaltig, und dies Resultat besonders dadurch veranlasst zu sein schien, dass manche wichtige Nachrichten übergangen und bedeutsame Anhaltspunkte übersehen sind. Um den sehr complicirten Gang der Untersuchung zu vereinfachen, habe ich dann zuerst die Reihenfolge der damaligen griechischen Statthalter in Italien festzustellen versucht (cfr. Anhang I), und werde ich mich, wo es nöthig, auf die dort gefundenen Resultate hier nur hindeutungsweise beziehen. Im Uebrigen folge ich Schritt für Schritt der angeführten Untersuchung Wilmans'. —

Zunächst liegen uns, wie auch Wilmans sagt, wichtige Quellen vor, nach welchen wir den ersten Einfall der Normannen in Apulien unter Melus' Führung unzweifelhaft in das Jahr 1017 setzen müssen. Bei Leo Ost. II, 37 nämlich heisst es: „im siebenten Jahre des Abtes Atenulf fingen die Normannen unter Führung des Melus an, Apulien zu erobern". Atenulf aber wurde 1011 Abt, wie wir aus Leo Ost. II, 29 ersehen, wo gesagt wird, dass die Mönche den Atenulf sich von Pandulf von Capua als Abt erbeten hätten „post menses aliquot", und zwar, wie der Zusammenhang ergiebt, „aliquot menses nach dem Tode des vorhergehenden Abtes Johannes", der nach c. 28 am 18. März, und, wie Anm. 24 ebendaselbst (Mon. Scr. VII, p. 646) besagt, des Jahres 1011 erfolgt war. Ferner sagt Leo Ost. l. c. (Mon. Scr. VII, p. 647) ausdrücklich, Atenulf sei „elf Jahre" Abt gewesen, eine Angabe, die sich bestätigt findet durch eine weitere Nachricht des Leo Ost., l. II, c. 39, so wie durch das Necrologium Casin. ap. Nur. VII, p. 941, wo der Tod des Atenulf zum 30. März 1022 und die Wahl seines Nachfolgers Theobald zum 28. Juni 1022 (cfr. Leo Ost. II, 42; Böhmer, Reg. Imp. Nr. 1228 u. 1229; Jaffé, Reg. Pontif. p. 355) berichtet werden; — (cfr. dazu noch ap. Trinchera, l. c. p. 20, die Urkunde XIX „vom Juni 1021", in der es ausdrücklich heisst, dass damals Atenulf Abt von Monte Casino gewesen). — Alle diese Angaben lassen mit Sicherheit schliessen, dass Atenulf im Jahre 1011, etwa schon im Mai, Abt geworden ist, und fällt das siebente Jahr desselben dann in der That 1017. Diese Angabe Leo Ost'. gewinnt dadurch noch sehr an Bedeutung, dass sie in jeder Hinsicht bestätigt wird durch mehrere andere Quellen; die Ann. Cavens. (Mon. Scr. III, 185—197), Ann. Benevent. cod. 1 (Mon. Scr. III, 173—185), welche Wilmans beide nicht anführt, und der Anon.

Casin. (ap. Murat. V, 53—81 nach cod. 47 u. 199, und Murat. V, 137—143 nach cod. 62) sagen ausdrücklich, dass die Normannen 1017 angefangen haben, Apulien zu erobern, und zwar, wie die Ann. Cavens. und der Anon. Casin. hinzufügen, unter Führung des Melus. Die Annal. Bener. bestimmen den Anfang dieser Eroberung dann noch genauer auf den Monat Mai, was völlig mit Leo Ost.' Bericht übereinstimmt, da, wie wir oben gesagt, das siebente Jahr Atenolf's auch etwa mit dem Mai 1017 seinen Anfang nahm. Vergleichen wir hierzu noch den Lupus, so finden wir dort die Normannen zuerst 1017 erwähnt, wo es heisst, dass sie mit dem Melus zusammen den Griechen unter Leo Patiano eine Schlacht lieferten. Auch diese Schlacht kann nicht vor dem Mai 1017 stattgefunden haben, da Andronicus, dessen Unterfeldherr (cfr. Guil. Apul I, 66 sq. „legatum") Leo Patiano war, erst mense Maji, wie Lup. sagt, in Italien ankam; dass diese Schlacht wirklich im Mai stattfand, bestätigt uns Guil. Apul. I, 71. Somit müssen wir nach Lupus den Anfang der Eroberungen der Normannen in Apulien gleichfalls Mai 1017 setzen. Endlich sagen dann noch die Anual. Bener. cod. 3, dass die Normannen unter Führung des Ysmael (über ihn cfr. Anhang I, p. 17 sq.) 1017 mit den Griechen gekämpft haben. Wenn wir freilich gegenüber allen diesen Angaben nicht anstehen werden, das Jahr 1017 für das richtige zu halten, so können wir hierbei doch nicht stehen bleiben, sondern müssen auch die abweichenden Berichte und alle sonstigen Notizen in Betracht ziehen. Wir gehen zunächst Wilmans folgend zurück auf die Nachrichten Leo Ost.' II, 37 über den ersten Aufstand des Melus. Nach dem Berichte des Leo Ost. hatte Melus sich einige Zeit vor Ankunft der Normannen in Gemeinschaft mit seinem Schwager Dattus und den Apulern gegen die Griechen empört. Zur Unterdrückung dieses Aufstandes war ein griechisches Heer von Constantinopel geschickt, hatte Bari belagert, und die Barenser sich bald zu ergeben gezwungen. Melus und Dattus flüchten, und erhält Dattus, nachdem er sich zuvor mit Melus zusammen nach Benevent, Salerno und Capua gewandt hat, zuerst Aufnahme beim Abt von Monte Casino, und dann von Papst Benedict den Thurm am Garigliano als Zuflochtsort angewiesen, während Melus in Capua bleibt. Bringen wir hiermit das Resultat, welches wir Anhang I den anderen Quellen folgend gezogen haben, in Verbindung, so stellt sich uns der Verlauf dieser Begebenheit, wie dort schon gesagt, folgendermassen dar: im Jahre 1009 bricht der Aufstand aus und dauert derselbe bis 1012, in welchem Jahre er durch die Eroberung von Bari Seitens der Griechen sein Ende findet. Wir blieben, wie Anhang I, 17 angedeutet, nur noch den Beweis schuldig, dass bei den Annal. Bar. 1011 die Worte „et cecidit illic Pasiano" und damit die ganze Nachricht von der Schlacht bei Monte Peluso zugleich auch, (cfr. Anhang I, pag. 19), an einer falschen Stelle ständen. Der Beweis soll hier geliefert werden, zuvor aber sind noch einige Bemerkungen gegen Wilmans zu machen. Wenn derselbe meint, die 1013 bei den Annal. Bar. erwähnte Eroberung von Bari könne nicht dieselbe sein, wie die bei Leo Ost. l. c., und seine Ansicht dadurch begründen will, dass Melus hier nicht ausdrücklich genannt sei, so ist dies ein ganz falscher Schluss, und verweise ich hierfür auf das schon Anhang I, pag. 17 darüber Gesagte. Wenn er dann weiter sich stützt auf die Behauptung, dass die Ann. Bar. 1011 einen Sieg des Melus bei Monte Peluso anführten, so kann ich dem nicht beitreten, da die Ann. Bar. 1011 einfach nur berichten, dass eine Schlacht stattgefunden habe, ohne den Ausgang der Schlacht nur in irgend einer Weise anzudeuten, oder soll etwa die Angabe „et cecidit illic Pasiano" die Ansicht Wilmans' von einem Siege des Melus begründen? Dies wäre doch zu gewagt, und weiss ich nicht, wie Wilmans „bloss aus den Ann. Bar." zu seiner Ansicht hat kommen können, und eine Vergleichung mit den anderen Quellen müsste doch ein anderes Resultat herbeigeführt haben. Dann trete ich noch dem entgegen, dass Wilmans den Bericht des Leo Ost. über den ersten Aufstand des Melus für entlehnt aus Amatus hält, ich habe bei Amat. I, 20 weiter nichts als eine ganz allgemeine Hindeutung auf den ersten

Anstand des Melus dadurch gefunden, dass gesagt wird, „Melus sei vertrieben, weil er gegen die Griechen rebellirt habe;" [in ähnlicher Weise spricht sich Wattenbach aus, cfr. Mon. Ser. VII, p. 652, Anm. 63 zu Leo Ost. II, 37].· — Ueber die Identität des Ismael mit dem Melus ist schon Anhang I, p. 17 sq. ausführlich gesprochen, worauf ich hier verweise. — Wilmans nun behauptet, dass die bei den Ann. Dar. 1011 erwähnte Schlacht bei Monte Pelaso dieselbe sei mit der bei Lup. 1017 angeführten zweiten Schlacht, in der Andronicus siegreich war, und zwar thut er dies mit Rücksicht auf den bei beiden zu den genannten Schlachten erwähnten Tod des Leo Patiano. Hierin stimme ich, wie aus Anhang I, pag. 19 zu ersehen ist, völlig mit ihm überein, und möchte ich hier nur darauf aufmerksam machen, dass Wilmans irrthümlich sagt, die Schlacht habe im Juli stattgefunden, während sie nach Lup. am 22. Juni stattfand. Die Folgerungen jedoch, welche er dann hieraus zieht, sind unbedingt falsch. Wilmans will nämlich darnach, da er die Zeitrechnung der Ann. Dar. für die richtigere hält, und also für die Schlacht nach den Ann. Dar. ein früheres Jahr als der Lup. annimmt, den ersten Aufstand des Melus in eine frühere Zeit verlegen, und den Einfall des Melus mit den „Normannen" in das Jahr 1010 oder 1011 setzen. Hierbei übersieht er jedoch die Nachrichten zweier Quellen, die besonders deshalb eine Beachtung verdienen, weil sie von Männern verfasst sind, die jene Ereignisse miterlebten, und die uns Anhaltspunkte geben, durch welche wir die Meinung Wilmans zu widerlegen im Stande sind. Die hier angedeuteten Quellen sind Rodulf Glaber (historiarum libr. V usque ad annum 1044 ed. Waitz, Mon. Ser. VII, 48—72), und Ademar (historiar. libr. III ed. Waitz, Mon. Ser. IV, 106—148). Bei Ademar lib. III, c. 55 finden wir die Nachricht: Richardo vero comite Rotomagi, filio Richardi, Normannos gubernante, multitudo eorum cum duce Rodulfo armati Romam, et inde conivente „papa Benedicto" Appuliam aggressi, cuncta devastant. Für die Zeitbestimmung sind hier die bei Ademar l. c. kurz vorhergehenden und nachher folgenden Nachrichten wichtig. Die letztere berichtet von dem Zuge der Normannen unter Roger nach Spanien gegen die Saracenen (cfr. Bouquet X, p. 223, ex Chron. S. Petri vivi Senonensis, und Lappenberg, Gesch v. England, II, 39 sq), der jedoch diese Verhältnisse nur sehr kurz berührt), welcher in das Jahr 1018 fällt, während die erstere angiebt, dass Kanut von Dänemark „mortuo Adalrado rege Anglorum" sich Englands bemächtigt habe, welches Ereigniss 1016 zu setzen ist (cfr. Chronic. Alberici ap. Leibnitz, Accession. II, und Annalisto Saxo, a. 1016, Mon. Ser. VI, 542—777; ebenso Thietmar. Chron., Mon. Ser. III, 849, lib. VII c. 28, und Lappenberg, Gesch. v. Engl., I, 451 sqq.; — auch Adami gesta Hamaburg. Eccl. Pontif., II c. 51 mit Anm. 86 cfr. ap. Pertz, Mon. Ser. VII). Wenn wir nun, wie wir dies nach der Art des Berichtes Ademar's müssen, den Zug der Normannen nach Apulien zwischen jene beiden Ereignisse setzen, so erhalten wir auch hier das Jahr 1017. Doch für die Frage, um die es sich hier zunächst handelt, ist uns von grösserer Wichtigkeit die Notiz in dem Berichte des Ademar, dass die Normannen durch Rom gezogen und von dort mit Zustimmung des Papstes „Benedict" nach Apulien vorgegangen sind. Welcher Papst Benedict nun ist hier gemeint? Nach dem Zusammenhange, in dem diese Nachricht hier steht, kann es kein anderer sein als Benedict VIII, der von 1012—1024 den päpstlichen Stuhl inne hatte. Auf eben denselben weist auch die Angabe des Ademar, dass der Zug der Normannen nach Italien stattgefunden habe unter der Regierung Richard's, des Sohnes Richard's. Es kann hiermit nur entweder Richard II oder Richard III gemeint sein, da der Vater Richard I den Namen Wilhelm führte, und auf Richard III dessen Bruder Robert folgte; ausserdem steht ja auch fest, dass dieser Zug der Normannen unzweifelhaft nur in den ersten Jahrzehnten des elften Jahrhunderts stattgefunden haben kann, und damals regierten eben diese Fürsten. Richard II regierte von 996—1026, und Richard III von 1026—1028 (cfr. Ademar, III, und Guil. Gem. ap. Duchesne p. 249, l. IV, c. 20, und Orderic. Vital. III, ap. Duchesne p. 459, und eben

31

denselben bei Bouquet X, p. 235; cfr. auch Lappenberg, Gesch. v. Engl. I, p. 479, Anm. 1, und Thl. II, p. 34, Anm. 1, u. p. 41, Anm. 2, u. p. 43, Anm. 2), und in dieser Zeit kommt kein anderer Papst Benedict vor als Benedict VIII; da dieser aber schon 1024 stirbt, also noch unter der Regierung Richard II, so kann neben Benedict VIII auch Richard II nur bei Ademar l. c. gemeint sein. Zu demselben Resultate führt uns die Betrachtung des Rod. Glab., bei welchem es lib. III, c. 1 heisst: Contigit antem ipso in tempore, ut quidam Normannorum audacissimus, nomine Rodulfus, qui etiam comiti Richardo displicuerat, cujus iram metuens, cum omnibus quae secum ducere potuit Romam pergeret causamque propriam „summo pontifici exponeret Benedicto", und weiter, dass Benedict die Normannen veranlasst gegen die Griechen zu kämpfen. Den ersten Anhalt für die Zeitbestimmung giebt uns hier der Anfang des Capitels, wo es heisst, er (Rod. Glab.) habe das dritte Buch mit dem Jahre 1000 angefangen. Dies In Verbindung mit der Erwähnung des Grafen Richard weist unzweifelhaft auf Benedict VIII, da, wie wir eben gesehen, zur Zeit eines Grafen Richard der Normannen in den ersten Jahrzehnten des 11. Jahrhunderts nur dieser Benedict regiert hat. Dies wird dann auch durch das Folgende noch bestätigt, wo erzählt, dass Heinrich von dem Papste Benedict die Kaiserkrone erhalten und den Ardoin besiegt, ferner dass er das Bisthum Bamberg gegründet, welches der Papst Benedict bestätigt habe. Nach allem diesen kann nur von Heinrich II und somit auch von Benedict VIII hier die Rede sein, und will ich nur noch auf einige weitere Stellen verweisen, so lib. III c. 1, (cfr. Böhmer, reg. Nr. 1256) und c. 9. — Auch der Bericht des Amatus weist auf Benedict VIII, wo wir, nachdem I. I, 23 die Flucht des Melus nach Deutschland und dessen Tod daselbst angegeben ist, I. I, c. 24 bei dem darauf folgenden Zuge Heinrich's nach Italien, auf dem er Troja erobert und Pandulf von Capua absetzt und gefangen nimmt, den Papst Benedict „thätig" finden, und kann dies nur Benedict VIII sein. Die Nachricht, dass die Normannen durch Rom gezogen, finden wir auch durch Amat. I, 20 bestätigt, doch irrt Amat. darin, dass er sagt, die Normannen seien zur Zeit des Herzog Robert ausgezogen, was auch Leo Ost. II, 37 dem Amat. folgend berichtet. Denselben Irrthum finden wir bei Guil. Gemet. I. VII, c. 30 p. 284 und bei Orderie. Vital. I. III, p. 472 ap. Duchesne. Da aber Robert erst 1028 Herzog wurde (cfr. Ademar III, c. 64, p. 145), so ergiebt sich die Unrichtigkeit dieser Angabe von selbst, ich führe nur das eine an, dass Melus schon 1020 starb, unter dessen Führung doch der erste Einfall der Normannen in Apulien unzweifelhaft stattfand; — aus demselben Grunde kann auch auf keinen Fall bei dem Zuge der Normannen durch Rom an Benedict IX gedacht werden, cfr. Pagi ad Baronium, XVI, p. 502. — Auf die Nachrichten der Orderie. Vital. und Guil. Gemet. über den ersten Zug der Normannen gehe ich hier garnicht weiter ein, da dieselben, besonders die des letzteren, zu ungenau und mangelhaft sind, ich weise nur darauf hin, dass bei Guil. Gemet. der Kaiser Heinrich, der Sohn Conrad's, also „Heinrich III" zusammen mit Robert, Herzog der Normannen, genannt wird als Zeitgenosse des ersten Zuges der Normannen nach Apulien, und Heinrich III kam doch erst 1039 zur Regierung, während Robert schon 1035 am 22. Juli starb, (cfr. Order. Vital. I, p. 371 und III, p. 459 ap. Duchesne, und denselben bei Bouquet X, p. 235; dann cfr. Malmesbury II, 10 und Chron. Fontan. app. II, apud d'Achéry, Spicilegium, tom. III, p. 264, und Lappenberg, Gesch. v. Engl. II, p. 46), und der erste Zug der Normannen, wie kurz vorher von mir gesagt, überhaupt sogar noch viel „vor die Zeit Robert's zu setzen ist". Im Uebrigen bleiben beider Angaben auch für die Entscheidung der Frage, welche hier vorliegt, ohne Einfluss. Dass bei allen den genannten Quellen aber von ein und demselben ersten Zuge der Normannen nach Apulien wirklich die Rede ist, ergiebt eine nur im Geringsten genaue Vergleichung der verschiedenen Berichte von selber. — Da Benedict VIII nun erst 1012 auf den päpstlichen Stuhl kam (cfr. Jaffé, reg. Pontif. p. 351), so können die Normannen, die, wie wir gesehen, auf ihrem Zuge durch Rom ihn schon als Papst vorfanden, doch frühestens 1012 nach Italien gekommen sein. Es ist dann noch ein Punkt hier zu berücksichtigen, aus dem wir erkennen, dass selbst dies noch zu früh ist. Wie wir aus Hod. Glab. III, 1 ersehen, fand dieser Zug der Normannen sogar erst nach der Kaiser-Krönung Heinrich II, also nach dem 14. „Februar 1014", statt, eine Angabe, die durch Leo Ost. II, 31 bestätigt wird, so dass wir darnach mit Sicherheit schliessen werden, dass die Normannen auf keinen Fall schon im Jahre „1011", wie Wilmans will, in der Schlacht bei Monte Peluso, welche die Annal. Bar. zu „diesem Jahre" erwähnen, die Bundesgenossen des Melus haben sein können. Da aber, wie wir aus Lup. und Guil. Apul. wissen, Leo Patianus in einer Schlacht gegen die „Normannen" gefallen ist, und die Ann. Bar. zu 1011 selber die Normannen nicht erwähnen, so müssen wir mit Rücksicht auf das oben Gesagte uns bestimmt dahin entscheiden, dass die Notiz „et cecidit Illic Pasiano", und damit auch die ganze Nachricht von der Schlacht bei Monte Peluso, da beides unzweifelhaft zusammengehört, cfr. Anhang 1, pag. 19, bei den Ann. Bar. fälschlich zu dem Jahre 1011 gesetzt ist, vielmehr erst zu einem späteren Jahre gehört. Wir werden diesen Irrthum durch eine Nachlässigkeit des Verfassers oder Abschreibers zu erklären haben, und ist dies, da wir nur sehr späte Handschriften der Ann. Bar. besitzen, (cfr. Hirsch, diss. p. 4 sq. u. p. 25 sq.), durchaus ja auch nichts Unglaubliches. — Nachdem wir nun erwiesen, dass die Angaben von der Schlacht bei Monte Peluso und dem Tode des Leo Patianus bei den Ann. Bar. 1011 falsch stehen, finden wir bei den Ann. Bar. aber auch garnichts mehr, was überhaupt dem entgegen wäre, die Ankunft der Normannen in Apulien 1017 zu setzen, da ja bei den Ann. Bar. weder zu 1011 noch zu 1013 die Normannen erwähnt werden, vielmehr erst zu 1021. Auch die Vergleichung der Berichte des Lupus zu 1017 und der Ann. Bar. zu 1011 giebt uns dafür jetzt garkeinen Anhalt mehr. Das einzige Gleiche ist bei beiden nur noch die Erwähnung des Monat Mai; aber nach den Ann. Bar. begann im Mai 1011 der Aufstand Apulien's und des Melus gegen den Curcua, und in der darauf folgenden Schlacht schon wir die „Dareuser", und zwar, wie wir nach allem, was wir über den Aufstand Apulien's wissen, nicht anders schliessen können, als auf Seiten der Aufständischen stehend, ausdrücklich erwähnt. Lupus dagegen berichtet zum Mai 1017 die Ankunft des Androuicus, und in der dann folgenden Schlacht finden wir den Melus mit den „Normannen" gegen Leo Patianus thätig. Abgesehen von allem anderen ist schon die Erwähnung der Dareuser bei den Ann. Bar. 1011 genügend um die Ansicht Wilmans zu widerlegen. Der erste Aufstand des Melus hatte seine Hauptstütze in Bari und den Dareusern, während wir wissen, dass Melus bei dem zweiten Aufstande sich stützte auf die Normannen und die Söldner, welche er in den langobardischen Fürstenthümern Benevent und Salerno geworben hatte. Dann drang er von Benevent aus mit diesem seinen Heere nach Apulien vor, und bemächtigte sich, wie Leo Ost. II, 37 ausdrücklich bezeugt, nur des Gebietes bis Trauum, und nirgends finden wir auch nur eine Andeutung, dass Melus bei diesem zweiten Aufstande Bari in seine Hände bekommen habe, oder dass dieses sich gegen die Griechen erhoben habe, und von diesen hätte wiedererobert werden müssen. Ausserdem würde doch auch noch die Frage aufzuwerfen sein: was soll mit der Nachricht bei Lupus werden, die zu 1009 den Beginn des Aufstandes berichtet und zwar, wie bei den Ann. Bar. 1011, als im Mai seinen Anfang nehmend? Da ist es doch wohl natürlicher und folgerichtiger, besonders mit Rücksicht auf die bisherigen Ausführungen, diesen bei Lup. 1009 angeführten Aufstand und den bei den Ann. Bar. 1011 erwähnten für denselben zu halten, wie ich es mit Bestimmtheit thue. Wilmans führt dann weiter die Erwähnung des Curcua bei den Ann. Bar. als beweisend für seine Behauptung an, aber auch dem muss ich entgegen treten. Denn würden wir die Ansicht Wilmans' annehmen, so würde dadurch die Reihenfolge der griechischen Statthalter folgende werden: Curcua, dann Androuicus (dessen Anwesenheit durch die Erwähnung des Leo Patianus bedingt ist), und 1013 Basilius Sardonii, den Wilmans ja

33

auch für gleich hält mit dem 1021 angeführten Basilius Vulcanus, (ich citire hier absichtlich die Namen nach den Ann. Bar). Es würde also nicht, wie wir aus Lup. und Anon. Bar. ersehen und durch Urkunden bestätigt finden, nach Curcua's Tode vor der Ankunft des Andronicus noch ein anderer griechischer Statthalter in Italien gewesen sein, nämlich der Basilius Mesardonites, der, wie Lup. ausdrücklich sagt, erst 1017 stirbt. Wenn Wilmans aber diese Nachricht völlig ignorirt, also auch wohl für falsch hält, dann möchte ich doch fragen, wie kann er trotzdem die Nachricht des Lup. von dem Tode des Curcua für richtig und als beweisend für seine Ansicht halten, da diese doch von Lup. zu demselben Jahre, nämlich zu 1010, berichtet wird, zu welchem er auch die Ankunft des Basilius Mesardonites meldet?! So inconsequent darf man doch bei Beurtheilung solcher Dinge ohne Grund nicht verfahren, und einen Grund führt Wilmans weder an, noch lässt sich überhaupt einer anführen. Dann verweise ich endlich noch auf das in Anhang I, p. 21 sqq. Gesagte, wo die Verschiedenheit des Basilius Sardonti und des Basilius Vulcanus der Ann. Bar. nachgewiesen ist. —

Als Resultat dieser Ausführungen erhalten wir uno Folgendes:

1) Die Angabe von dem Tode des Leo Patianus und somit auch die von der Schlacht bei Monte Peluso (cfr. Anhang I, pag. 10) steht bei den Ann. Bar. 1011 an einer falschen Stelle;

2) Die übrigen Nachrichten der Ann. Bar. zu 1011 und die zu 1013 beziehen sich auf den ersten Aufstand des Melus;

3) Die Normannen können nicht vor dem Februar 1014 nach Unter-Italien gekommen sein, da sie auf ihrem Zuge dahin Rom zur Zeit Benedict VIII, und zwar noch nach der Kaiserkrönung Heinrich II, passirten. —

Erwähnt mag hier noch werden, dass dies Resultat auch bestätigt wird durch Leo Ost. II, 37, wo es heisst, Dattus habe nach Beendigung des ersten Aufstandes des Melus vom Papst Benedict den Thurm am Garigliano als Zufluchtsstätte erhalten. Leo Ost. spricht daselbst im ganzen Zusammenhange, so II, 31 und 39 sqq., nur von Benedict VIII, und können wir daher diesen hier angeführten eben auch nur für Benedict VIII halten. —

Was dann den Bericht des Cedren. II, 456 betrifft, so verweise ich hier auf das darüber schon in Anhang I, p. 14 sq. Gesagte, wo nachgewiesen, dass diese Angaben des Cedren. auf den ersten Aufstand des Melus zu beziehen sind. Nur einen Punkt will ich noch hervorheben: Wilmans meint nämlich, wir müssten, wenigleich an dieser Stelle die Normannen nicht erwähnt sind, sie uns doch, mit Rücksicht auf den daselbst erwähnten Sieg des Melus, hierbei thätig denken, da Melus „nur mit ihnen", wie er sagt, einen Sieg erfochten. Ich habe mir alle erdenkliche Mühe gegeben, für diese Angabe Wilmans eine Bestätigung zu finden: aber weiter war dies möglich, wie Wilmans ja selbst zugiebt, durch diese Stelle bei Cedren. II, 456, noch durch irgend eine andere Stelle des Cedren. oder einer der übrigen Quellen. Diese Behauptung kann sich auch nicht einmal darauf stützen, dass man etwa sagte, bei all' den anderen Quellen finden wir bei den Siegen des Melus stets Normannen als thätig erwähnt. Dies ist durchaus nicht der Fall, wie Anon. Bar. 1017 und die Ann. Bar. 1011 beweisen, und dazu können bei den letzteren noch nicht einmal, wie vielleicht bei Anon. Bar. 1017, die Normannen aus dem Zusammenhange oder aus den anderen Quellen als thätig hinzugedacht oder ergänzt werden, da wir gesehen haben, dass sie 1011 noch garnicht in Italien waren. Auch Anon. Bar. 1018 und Lup. 1018 liessen sich hier anführen, da ja Wilmans an allen diesen Stellen nur Siege des Melus annimmt. Für die Nichtigkeit des Beweises, welchen Wilmans aus der Erwähnung des Basilius zieht, verweise ich auf Anhang I, p. 21 sqq., wo dargethan, dass der bei Cedren. l. c. und der bei Lup. 1018 erwähnte Basilius völlig verschiedene Personen sind, und (pag. 16) hervorgehoben ist, dass nach

5

Lup. und Anon. Bar. der Basilius nicht einmal nothwendig als in der Schlacht bei Trannm thätig zu
denken ist, da Anon. Bar. gar keinen und Lup. als Führer der Griechen ausdrücklich einen anderen, den
Ligorius Tepoterici, nennt. —

Die Schlüsse, welche Wilmans hier für die Jahre 1010 a. 1011 resp. 1017 u. 1018 zieht,
werden wir somit für unrichtig und unbegründet erklären müssen, und ebenso die Behauptung zu verwerfen haben, dass seine Ansicht durch den Romuald Salern. (Murat. VII, p. 1—247) p. 166 gestützt
werde. Nach Romuald hätte der erste Einfall des Melus mit den Normannen in Apulien schon 997
stattgefunden, und wollen dieselben damals bei Basantellum den Griechen eine Schlacht geliefert, und
Melus bald darauf Ascolum erobert haben. Doch bei keiner von den Quellen, „welche der Zeit näher
liegen", wie überhaupt bei keiner anderen finden wir dies bestätigt, und wenn wir schon aus dem
Grunde diese Nachricht für nicht glaubwürdig ansehen, so werden wir noch mehr durch die Erwähnung
der Schlacht von Basantellum und der Einnahme von Ascolum hierzu veranlasst. So viel wir wissen,
erstreckte sich weder der erste Einfall der Normannen noch auch der erste Aufstand des Melus bis
nach Basantellum, und ebenso wenig finden wir die Einnahme von Ascolum durch Melus irgend wo
bestätigt. Nur das ist sicher, dass Melus nach der Einnahme von Bari durch die Griechen sich zuerst
nach Ascolum flüchtete. Wie ungenau Romuald Salern. hier ist, ersehen wir auch daraus, dass er
den Melus an dieser Stelle sowohl als zum Jahre 1011 „Catapanus" nennt: er bezeichnet ihn also
damit als griechischen Statthalter, und war Melus, wie wir aus anderen Quellen wissen, so aus Gull.
Apul. I, 13 sqq. und aus Cedren. II, 450, (deren Angaben dadurch noch mehr Glauben erhalten, dass
auch bei Lupus, wo die griechischen Statthalter dieser Zeit alle aufgeführt sind, sich überhaupt kein
Melus als Statthalter erwähnt findet), doch nur der angesehenste Bürger von Bari und Apulien. Die
erste Nachricht des Rom. Sal. (zu 997) über die Normannen hat Wilmans ganz übergangen, ohne dies
Stillschweigen irgendwie zu begründen. Er erwähnt gleich die zweite Nachricht bei Rom. Sal., nämlich
die zu 1011, wo es heisst: „fames valida obtinuit Italiam. Quo tempore Mel Catipanus cum Normannis Apuliam expugnabat"; doch werden wir diese Nachricht ebenso wie die zu 997, gegenüber
den Nachrichten der anderen der Zeit nach diesen Verhältnissen näher liegenden Quellen (Ademar,
Rod. Glab. u. a.), nicht für so wichtig halten können, dass sie in irgend etwas die bisher gefundenen
Resultate zu ändern vermöchten, zumal wir aus Rom. Sal. selber ersehen können, wie unsicher bei ihm
die Jahreszahlen gerade in dieser Zeit sind. Nur einige Beispiele will ich hier anführen: so setzt er
die Kaiserkrönung Heinrich II durch Benedict in das Jahr 1012, und gleichzeitig damit die Ankunft
des Bugano in Italien. Da jedoch unzweifelhaft die Krönung Heinrich II erst 1014 stattfand, so
werden wir nach Rom. Sal. allein schon die Ankunft des Bugano wenigstens auf 1014 verlegen
müssen. Dann weiter noch: während er zu 1012 ganz richtig die zehnte Indiction setzt, führt er bei
1018 die „erste" Indiction an, welche, wie wir wissen, erst zu 1018 gehört, und wenn wir darnach
schon geneigt sind entweder die Indiction I oder die Jahreszahl 1018 hier für falsch zu halten, so
werden wir durch die Angaben zu diesem Jahre selber veranlasst das Letztere zu thun. Rom. Sal.
erwähnt nämlich zu diesem Jahre die Wiederaufbauung von Troja durch den Bugano, führt dann
aber fort: quarto autem anno post praedictae civitatis reaedificationem in anno 1022 Ind. V habe
Kaiser Heinrich Troja belagert; die letztere Angabe ist nun durchaus richtig. Rechnen wir aber nach
Romuald's eigener Angabe quarto anno etc. zurück, so finden wir, dass die Wiederaufbauung von
Troja 1018 Ind. I stattgefunden haben muss, und ersehen daraus, dass Rom. Sal. zwar die Ind. I
richtig gehabt hat, aber fälschlich das Jahr 1013. Diese Beispiele werden genügen um zu zeigen, wie
vorsichtig der Rom. Sal. in dieser früheren Zeit zu benutzen ist, und verweise ich nur noch auf
Hirsch, diss. p. 60—72, wo über Rom. Sal. eingehender, und p. 68 sq. speciell über die Erwähnung

der Normannen bei ihm gehandelt, und besonders hervorgehoben ist, wie wenig Glauben Rom. Sal. in dieser früheren Zeit verdient.

Zuletzt bleibt uns noch der Guil. Apul. zu betrachten, welcher zuerst in ganz abweichender Art die Veranlassung, durch welche die Normannen nach Italien gekommen sind, angiebt. Er berichtet nämlich: Normannische Ritter seien auf einer Pilgerfahrt nach dem Monte Gargano dort zufällig mit dem Melus zusammen getroffen, dieser habe ihnen sein Schicksal geklagt und sie zur Hülfe aufgefordert; sie haben in ihrer Heimath dann Waffengefährten für ihn geworben, diese seien nach Italien gegangen, ohne Waffen durch Rom gezogen und in Campanien mit Melus, der sie aufgesucht, zusammengetroffen: derselbe habe sie mit Waffen versehen und sei mit ihnen nach Apulien aufgebrochen. Dann führt Guil. Apul. fort: zu der Zeit sei ein sehr strenger Winter gewesen, mit grossem Schneefall verbunden, so dass die meisten Thiere starben, und die Bäume vernichtet wurden. In dem darauf folgenden Frühjahr habe Melus die Normannen nach Apulien geführt, wo der Andronicus ihnen zuerst den Leo Patianus entgegen gesandt, mit dem sie in unentschiedener Schlacht im Mai gekämpft haben; dann sei Andronicus selber gekommen, aber von ihnen besiegt worden, und sei in dieser Schlacht Leo Patianus gefallen etc. — Einen Anhaltspunkt zur chronologischen Bestimmung bietet hier, wie auch Wilmans sagt, die Erwähnung des harten Winters. Derselbe ist, wie wir Anhang 1, p. 14 sq. gesehen, nach Lup. 1008—1009 zu setzen, aber deshalb auch die ersten Kämpfe der Normannen in das Jahr 1010 zu verlegen, wie Wilmans thut, können wir uns nicht veranlasst finden, und zwar aus folgenden Gründen. Erstens hat Guil. Apul. diese ganze Stelle über den ersten Einfall der Normannen aus Lupus entlehnt, und wir würden dann, wie Wilmans ganz richtig bemerkt, mit der Chronologie des Lupus, wie sie in den Drucken uns vorliegt, in den auffallendsten Widerspruch gerathen, ein Widerspruch, der sich nicht nur auf die Jahre 1017 und 1018, sondern auch auf 1019 erstrecken würde. Die Schlacht bei Cannae würde nämlich nach Guil. Apul. wie Wilmans sagt, 1011 oder 1012 fallen; nun aber giebt nicht allein Lup. und Anon. Bar. dieselbe zu 1019 an, sondern auch die Ann. Bar., deren Angaben Wilmans doch sonst so sehr vertheidigt, verlegen dieselbe in eine spätere Zeit, in das Jahr 1021. Trotzdem glaubt Wilmans mit Rücksicht auf die aus anderen Quellen von ihm angeführten Gründe, welche wir jedoch als nichtig erwiesen haben, diese frühere Zeit festhalten zu müssen. Wilmans scheint jedoch selber nicht so recht von seiner Beweisführung überzeugt gewesen zu sein, wenigstens kann ich mir es nicht anders erklären, wie er sonst in seiner Ausgabe des Guil. Apul. (cfr. Mon. Ser. IX) noch zu der Schlacht bei Cannae die Jahreszahl 1019, und ebenso zu der Schlacht bei Arenula $\frac{1011?}{1017?}$ an den Rand setzen konnte. — Ausserdem sind die Gründe, welche wir im Obigen aus anderen Quellen dargelegt haben, zu wichtig, als dass wir nicht zugestehen sollten, Guil. Apul. habe sich bei dieser Notiz eine Nachlässigkeit zu Schulden kommen lassen. Ich wenigstens stehe mit Rücksicht auf das früher Ausgeführte keinen Augenblick an dies zu thun, zumal wir ihm nach Ausscheidung dieser einen Nachlässigkeit in der Hauptsache dann im besten Einvernehmen sehen sowohl mit der Quelle, aus welcher er hier geschöpft, als auch mit den anderen, deren Berichte wir als glaubwürdig erkannten, und wir ferner doch auch die ganze Art der Darstellung des Guil. Apul., wie sie sich nicht allein vornehmlich in dem Anfange, sondern überhaupt in dem ganzen Werke desselben zeigt, nicht gänzlich ausser Acht lassen dürfen; cfr. Hirsch, diss. p. 33 sq. — Nachdem nun die Unhaltbarkeit der Gründe, welche Wilmans für die Verlegung des ersten Einfalles der Normannen in Apulien in die Jahre 1010 oder 1011 anführt, wie ich glaube, hinreichend erwiesen ist, werden wir uns mit aller Bestimmtheit dahin entscheiden, dass der „Beginn des ersten Aufstandes des Melus

1009", und „der erste Einfall der Normannen in Apulien, und also auch der Beginn des zweiten Aufstandes des Melus 1017" zu setzen ist. —

Hieran will ich noch eine Bemerkung über die Schlacht bei Cannae knüpfen, in der die Normannen und der Melus besiegt wurden. Dieselbe fällt nach Lup. und Anon. Bar. 1019, und zwar nach Lup., wie auch Guil. Apul. I, 90 sqq. bestätigt, in den October, doch müssen wir, wie dies schon Anhang I, p. 21 gesagt, mit Rücksicht auf die verschiedenen Jahresanfänge dafür October 1018 setzen. Nach den Annal. Bar. fand dieselbe Schlacht erst 1021 statt, aber wie falsch diese Angabe ist, ersehen wir daraus, dass Melus, welcher hier besiegt wurde, [— die Ann. Bar. nennen ihn zwar nicht, aber die anderen Quellen besagen es ausdrücklich, —] schon am 23. April 1020 zu Bamberg gestorben war, (cfr. die notae sepulcrales Babenberg., Mon. Ser. XVII p. 640, und ebendaselbst Ann. 32, wo das Nähere ausgeführt, ebenso W. Giesebrecht, Kaiserzeit II, p. 612 und Hirsch, diss. p. 25 sq.). Wir müssen also, da die Schlacht im October stattfand, demnach auch nicht mehr in das Jahr 1020 fallen konnte, mindestens 1019 setzen, und werden wir darnach keinen Anstand mehr nehmen, sie noch bis 1018 zurückzuverlegen, in welches Jahr sie nach Lup. und Anon. Bar. fällt. Einen weiteren ganz unanfechtbaren Beweis für die Unrichtigkeit der Angaben der Ann. Bar. liefert uns eine Urkunde, welche der Basilius Bojoannes schon im Juni 1019 der von ihm selbst erst n a c h der Schlacht bei Cannae gegründeten Stadt Troja ausgestellt hat, cfr. ap. Trinchera, l. c., p. 18 Nr. XVIII. Wir sehen jedenfalls hier wieder, wie unzuverlässig die Berichte der Ann. Bar. über diese Zeit sind, und wie unrecht Wilmans gethan, zu Gunsten dieser Ann. Bar. die anderen Barenser Quellen als unglaubwürdig darzustellen.

Es bleibt uns nun noch übrig, Einiges über die Veranlassung zu sagen, durch welche die Normannen nach Italien kamen. Den Bericht, wie ihn Guil. Apul. giebt, anzunehmen wird uns Niemand zumuthen, wir haben es hier vornehmlich mit Amatus und Leo Ost. zu thun. In welches Jahr werden wir das bei ihnen erzählte Ereigniss setzen müssen? Amatus' (I, 17) Angabe „tausend Jahre nach Chr. Geburt" ist offenbar nur eine ganz allgemeine Zeitbestimmung und ihm ist Leo Ost. II, 37 gefolgt. Er schreibt „ante hos circiter sexdecim annos", d. h. also, da er von 1017 ab zurückrechnet, ebenfalls etwa im Jahre 1000 seien 40 normannische Ritter[*] heimkehrend von einer Pilgerfahrt zum heiligen Grabe bei Salerno gelandet, und hätten dieses, welches gerade von Sarazenen belagert wurde, befreit. Sie hätten dann alle ihnen von den Salernitanern angebotenen Belohnungen abgelehnt und seien heimgefahren, mit ihnen aber sei eine salernitanische Gesandtschaft nach der Normandie gegangen, um normannische Ritter zu bewegen, nach Italien zu kommen. Zu derselben Zeit seien zwei normannische Grosse in Streit gewesen, der eine habe seinen Gegner getödtet, und die Rache des Fürsten fürchtend sei er gewillt gewesen, das Land zu verlassen. Daher sei ihm das Anerbieten der salernitanischen Gesandten sehr erwünscht gewesen, und er sei mit seinen vier Brüdern und anderen Rittern zusammen mit den Gesandten nach Italien gezogen, wo sie den Melus in Capua getroffen. — Der Bericht des Leo Ost. selber zeigt uns schon die Unmöglichkeit seiner Angabe über die Zeit, in welcher dies stattgefunden haben soll. Darnach nämlich hätte, da die Gesandtschaft mit den vierzig normannischen Rittern zugleich aufbrach, deren Fahrt nach der Normandie, der Aufenthalt daselbst und die Rückkehr einen Zeitraum von 16 Jahren in Anspruch genommen. Wie widersinnig dies ist,

---

[*] Dass es 40 Ritter waren, sagt auch Annal. Saxo 1014 und 1053 (Mon. Ser. VI); was derselbe aber sonst noch hier giebt, ist ganz ungenau, wie schon daraus ersichtlich, dass er dasselbe Factum sowohl als im Jahre 1014 als auch im Jahre 1053 stattfindend aufführt. —

wird jeder leicht erkennen, und dürfen wir daher dieser seiner Angabe keinen Glauben schenken. Pagi ad Baron. XVI, p. 502 schlägt vor, hier „mensem" statt annos zu setzen, jedoch können wir dieser Emendation, obgleich sie der Sache nach richtig ist, nicht beistimmen, da in den Handschriften hierfür kein Anhalt sich bietet, und dann tritt ja auch der Irrthum des Leo Ost. bei nur einiger-massen genauer Betrachtung hier viel zu klar zu Tage. Nun finden wir bei Lup. (und Anon. Bar.) 1016 eine Belagerung Salerno's durch die Sarazenen erwähnt, freilich werden dabei die Normannen nicht genannt. Jedoch wenn wir bedenken, dass der erste Einfall der Normannen in Apulien 1017 stattfand, dass diese Normannen zugleich mit den Salernitanischen Gesandten nach Italien gekommen waren, und dass auch Lup. zu 1017 den Kampf der Normannen gegen die Griechen erwähnt, so werden wir weiter kein Bedenken tragen, diese von Lup. (und Anon. Bar.) erwähnte Belagerung von Salerno durch die Sarazenen und jene, wo die Normannen diese Stadt von den Sarazenen befreiten, für dieselbe zu halten, und für sie somit das Jahr 1016 anzunehmen. Der Anon. Casin. setzt diese Belagerung von Salerno und die Befreiung durch die Normannen freilich auch in das Jahr 1000, aber nicht in allen Codices desselben findet sich diese Nachricht; zudem ist diese Notiz in den Codices, in welchen sie sich findet, erst ein späterer Zusatz, (cfr. Hirsch, in den Forschungen z. deutsch. Gesch., VIII, p. 236 Anm. 1), und darnach in ihrem Werthe zu beurtheilen; jedenfalls ist sie nicht im Stande unsere Ansicht, nach der wir 1016 für richtig halten, zu ändern. —

Hirsch (in d. Forschungen z. deutsch. Gesch., VIII, p. 236 sqq.) spricht sich dahin aus, dass nach seiner Ansicht dieser Bericht des Amat. (und des Leo Ost.) über die Befreiung Salerno's durch Normannen und die Gesandtschaft nach der Normandie etc. zu verwerfen sei, einmal aus Wahrscheinlichkeitsgründen und dann mit Rücksicht auf die anderen Quellen. — Seinen Ausführungen gegenüber mache ich auf Folgendes aufmerksam: Einmal ist die Zeitangabe des Amat., wie ich schon oben gesagt und wie auch W. Giesebrecht, Kaiserzeit, II, 611 annimmt, offenbar nur eine ganz allgemeine; die Angabe aber, dass dies zur Zeit Roberts von der Normandie geschehen, dürfen wir wohl dem Amat. nicht zu sehr verargen, wenn wir sehen, dass selbst ein gleichzeitiger Normannischer Geschichtsschreiber — der Guil. Gemet. — über die Regenten in der Normandie im Unklaren ist. In der geringen Zahl der Normannischen Ritter ferner ein Bedenken zu finden, heisst, meiner Ansicht nach wenigstens, die Bedenklichkeit auf die Spitze treiben; denn einmal müssen wir doch zu diesen 40 Rittern noch ihre Dienstmannen hinzurechnen, deren sie sicherlich auch bei ihrer Wallfahrt nicht entbehrten, und ausserdem ist eine Betheiligung der Salernitaner hierbei gewiss auch ganz unzweifelhaft. Die Angabe Amat.'s aber, dass das Heer der Sarazenen gross gewesen sei, als Beweis zu benutzen für die Unmöglichkeit der Wahrheit seiner Angaben, erscheint mir deshalb unstatthaft, weil Amat. die Zahl der Feinde gewiss nur gross nennt im Verhältniss zu der Zahl der Normannen; im Uebrigen dürfte auch nicht anzunehmen sein, dass die Sarazenen, nur um den Tribut einer Stadt einzutreiben, ein an sich besonders zahlreiches Heer ausgesandt haben sollten. Was dann endlich die Aehnlichkeit der Gesandtschaft nach der Normandie mit der von Narses an die Langobarden geschickten betrifft, so kann diese hier durchaus nicht in's Gewicht fallen, erstens weil dies eine Bahn betreten heisst, die bei jedem Schritt weiter gerade den historischen Verhältnissen sehr gefährlich werden muss, und zweitens, speciell für den vorliegenden Fall, weil Leo Ost., obgleich ihm diese Aehnlichkeit selber entgegentrat, dennoch den Bericht Amat.'s an Stelle seines eigenen früheren Berichtes in seine Chronik aufnahm. Wenn dann andererseits Hirsch auch mit Rücksicht auf die übrigen Quellen den Bericht Amat.'s verwirft, und zwar weil Ademar und Rod. Glaber als den Zielpunkt der Reise der Normannen Rom angeben, so übersieht er hierbei, dass Amat. gleichfalls ausdrücklich die Normannen erst „über Rom" nach Capua gelangen lässt, (— allerdings ohne dabei die näheren Umstände anzugeben —), und dass also dieses Argument keine Kraft haben kann. Ebenso wenig kann eine solche dem Bericht des Order. Vital. gegenüber dem des Amat. zugestanden werden, da der Bericht des Order. Vital. überaus mangelhaft und ungenau ist; so verlegt er den Zwist der beiden normannischen Grossen in die Zeit Herzog Robert's, und setzt ihn zugleich in die Zeit des Papstes Benedict, unter dessen Herrschaft Italien so sehr von den Sarazenen heimgesucht wurde, d. h. also des Papstes Benedict VIII (1012—1024), obwohl nach seiner eigenen Angabe (lib. I, p. 371 und lib. III, p. 439 sp. Duchesne) Herzog Robert erst etwa 1028 zur Herrschaft kam. Ausserdem sollen nach seinem Bericht die Normannen ihr erstes Besitzthum in Italien von dem Fürsten von Beneveut erhalten haben, während wir doch bestimmt wissen, dass ihnen dies von Sergius von Neapel verliehen worden ist (cfr. Amat. I, 40—43 und Leo Ost. II, 56). Wie Hirsch dem gegenüber auf den Bericht des Ord. Vital. von der Belagerung von Salerno noch Werth legen kann, vermag ich nicht zu begreifen: dazu kommt, dass keine einzige andere Quelle von einer Belagerung Salerno's durch die Sarazenen „nach" der Ankunft der Normannen in Italien etwas weiss. Falls eine solche wirklich stattgefunden hätte, und die Normannen in so rühmlicher Weise dabei betheiligt gewesen wären, so würde doch unzweifelhaft Amatus, der selber ein Salernitanor war, in Unteritalien und dazu in so ganz besonderem Sinne, Geschichte der Normannen schrieb, dies nicht unerwähnt gelassen haben. So vermag ich aus Ord. Vital. nichts herauszufinden, was den Bericht des Amat. verdächtigen könnte, eher möchte ich sogar in der Angabe des Order. Vital., dass die Sarazenen jährlich nach Italien gekommen seien, um von den Städten eine Abgabe einzutreiben, in gewissem Sinne wenigstens eine Bestätigung finden für den Bericht des Amat. von der Belagerung Salerno's. Ebenso scheint es mir gerade „für" Amat. zu sprechen, dass Leo Ost. seinen Bericht in der ersten Reduction seiner Chronik, II, 37, in der zweiten Redaction seines Werkes durch den des Amat. ersetzt hat, oder was sollte man wohl (— wie ich das schon oben sag. 7 hervorgehoben habe —) von dem Werthe des Leo Ost. halten, wenn wir annehmen wollten, dass Leo Ost. Misstrauen gegen den Amat. gehegt und dennoch dessen Bericht statt des eigenen angenommen habe? — Ich halte sonach an der von mir im Obigen gegebenen Darstellung der Veranlassung zu dem Zuge der Normannen nach Italien, sowie ihrer Ankunft und ihrer ersten Kämpfe daselbst fest, wie sie sich mir aus der genauen Vergleichung des Amat., des Leo Ost., sowie des Ademar und Rod. Glab. und des Guil. Apul. ergeben hat, während der Guil. Gem. und der Order. Vital. gar keine (— oder doch nur in ganz untergeordneter Weise —) Beachtung finden konnten. —

Berichtigung:

Seite 4 erste und dritte Zeile von unten lies statt Anhang II, 37 — Anhang II, 36 sq.